女性校長はなぜ増えないのか

管理職養成システム改革の課題

河野銀子――編著

keiso shobo

はしがき

河野銀子

「学校の先生」は、戦前から女性が就くことのできた数少ない職業の一つであり、今もって女の子たちが将来就きたいと思う人気の職業である。[1] ところが、実際の初等中等教育機関の教員の男女比は半々であるにもかかわらず、すべての学校種別の校長はほぼ男性で占められており、明らかに女性の過少代表性が見られる。

本書は、日本の女性校長はなぜ少ないのかという問題関心から始まった共同研究の成果の一端である。教職は、他の職業と比べて男女共同参画が進んでいるとみなされがちだが、実際はそうでもなく、社会のジェンダー平等を実現するためにも、女性校長が少ない理由を明らかにする研究が必要との思いがあった。

共同研究を始めた二〇〇六年の公立高校の女性校長は三・七%（一四三人）[2]で、二〇年前の一八倍以上に増えていたとはいえ、他の学校種別と比べると目立って低い割合であった。そこで、具体的な研究対象を高校の校長とすることにした。インターネットで各都道府県の高校を検索し、校長が女性と判明した場合にインタビュー調査への協力を求めたが、快く引き受けてくれる校長は少なく、何度もお願いして渋々引き受けていただけるか、それでも断られるといった状況だった。日本の公立高校の女性校長第一号は一九四八年（福岡県）に誕生したが、女性校長が一人もいない都道府県がなくなるのは二〇〇九年度で六〇年以上の歳月を要している。研究を開始した頃には、まだ女性校長が一〜二名という都道府県が多く、いくら匿名だから個人は特定されないとか、研究目的以外に利用しないと説得したところで、調査への協力を躊躇する校長が多かったのも当然といえよう。

それでも協力を得られた校長らの声を通して、彼女たちがどのようにして校長までのキャリアを築いたかを分析し、女性校長が少ない理由を見出した[3]。多数の要因が複雑に絡み合っているのが現実だが、その理由をあえて単純化するなら、管理職に向けたキャリア形成において重要な知識やスキルや人脈を得る経験が、長時間の労働や宿泊を伴うなど家庭生活の犠牲なしには得られない機会となっているから、といえる。たとえば、学校全体を見る力や教育をシステムとして捉える力をつける機会として重視される多様な主任経験の中でも、管理職に向けたキャリア形成の上で重要視されている特定の主任の仕事は苛烈で長時間労働になりやすく、子どもがいる場合には家庭生活との両立が難しい。教育行政関係職への異動も同様で、その仕事は時に深夜にまで及ぶ。また、宿泊行事を伴う学年の主任や遠征や大会で宿泊せざるをえない部活動の指導などの見えやすい教育活動や、管理職の登竜門とみなされている長期研修への参加も家庭生活との調整ができなければ機会に預かれない。そのため、多くの女性教員はこのような機会への打診があっても断らざるをえず、その経験をしなかったために管理職キャリアにつながる次の機会が与えられないといった悪循環が起こっていた。これらに加え、管理職の中にある、男性に主任を任せるのが当然とする意識や、家庭責任との両立への配慮から女性を指名しない傾向もあり、女性教員の経験の幅が広がりにくくなっているのだった。したがって、女性校長を増やすための鍵は、端的には、家庭生活を犠牲にしなくてもキャリア形成上重要な機会を得られるようにすること、また特定の経験をしていなくても意欲や能力に応じて管理職になれる多様なキャリア形成を許容することにある。研究開始から五年後にまとめた著書において、われわれはこう結論したのであった。

ところで、当時、校長をはじめとする学校管理職に女性が少ないことは、問題だと認識されておらず、とりわけ、高校については、女性校長が少ないのはあたり前という声すら漏れ聞こえてきた。また、女性校長を増やそうという機運もごく一部でしか持たれていなかった。「社会のあらゆる分野において、二〇二〇年までに指導的地位に占める女性の割合が少なくとも三〇％程度とする」という国の目標は二〇〇三年に決定されたが、この目標が各分野で具体的に示されるのは二〇一〇年に策定された第三次男女共同参画基本計画においてである。そのためか、インタビュー調査を始めて数年間は、各地の教育関係者のほとんどは「二〇二〇年　三〇%」の目標を知らなかった。

ところが、二〇一五年、教育関係者が女性管理職を意識せざるをえない事態が起こる。女性活躍推進法が制定され、都道府県教育委員会は「特定事業主行動計画」を策定する義務を負うこととなったのである。(4) 公立諸学校教員の人事権は基本的に都道府県にあるため、同法制定前に文部科学省が各都道府県に対してできたのは、女性管理職の数値目標の設定を働きかけたり要請したりするのが関の山であった。(5) それが、同法の制定により、都道府県教育委員会の立場は、要請される側から取り組みの主体へと変わったのである。ただし、二〇一五年に策定された第四次男女共同参画基本計画では数値目標が「二〇二〇年までに二〇%以上」と大幅に引き下げられたため、「二〇二〇年　三〇%」の目標達成に向けた施策を講ずることからは免れている。この時点で八都道府県の女性管理職割合は二〇%を超えていたので数値目標の下方修正は奇妙であるが、ともかく、都道府県教育委員会が教育分野の女性活躍の推進主体となったことは画期的であった。しかも、管理職への登竜門的意味合いの強い長期研修等に「女性枠」を設定するよう求めてもいる。(6) その後、女性活躍は「一億総活躍プラン」に吸収されるが、そのプランは働き方改革を大々的に打ち出し、長時間労働を抜本的に見直すと表明した。

今や、教育分野の女性管理職の少なさをめぐる問題が問題として認識され、しかも女性教員のキャリア形成を阻害する主要因である長時間労働の見直しがうたわれ、さらには女性枠設定というポジティブ・アクションを、政府が掲げている。(7)この研究開始時点でいったい誰がこのような変化を想像できたであろうか。女性校長を増やす機運が高まり、長時間労働が見直され、長期研修への参加機会が女性に開かれるなら、もう、われわれが研究する必要はないではないか。

しかし、そうではなかった。女性校長を増やすことが政策課題となり、教育政策にジェンダーの視点が欠けているとか、管理職養成の議論から女性教員が排除されていると指摘する意味を喪失したわれわれの前にあらわれたのは、もっと大きな課題であった。それは、教員のキャリア形成や管理職養成をめぐる文脈そのものの変容であり、それを追究せずに女性校長の議論をするのは無意味となりつつある。この一〇年ほどの間に矢継ぎ早に進められている教育改革は、巧みに女性を周辺化する機能を内包し、女性校長の増減を左右する可能性があるかもしれないのである。管理職像の転換とそれに適合的な育成方法、さらには教員の育成や養成にかかる種々の改革が進められ、じわじわと教育現場に押し寄せている。このことは、性別にかかわりなく教師たちを不安にさせ、管理職を魅力のない仕事にし、ひいては教職の持つ魅力ややりがいの低下を招き、教育の質の悪化をも生じさせかねない。これら一連の教育改革じたいはジェンダー中立に見えるが、改革の内実をジェンダーの視点で明らかにする必要がある。そのことが、この先の教育界の女性活躍推進の真相を見極めるだけでなく、この改革が男女教員のキャリア形成に与える影響や教育の行く末を問うためにも有効だと考えられるからだ。

われわれの能力や立場を踏まえれば、現在進行中の教育改革を研究対象とすることは、あまりにも冒険的な企てである。しかし、本書が、これからの教員の豊かで多様なキャリア形成を検討する一助となれば、また「学校の先生」になりたい多くの女の子たちの、そして男の子たちの未来を拓く一歩につながれば幸いである。

注

（1）第一生命『「第二八回大人になったらなりたいもの」アンケート調査結果』（2017）によれば、「学校の先生」になりたいとする女子は二〇一六年は三位、過去をさかのぼっても五位以内に位置する年が多い（調査対象は未就学児〜小学六年生）。男子は二〇一一年以降、「学校の先生」は一〇位以内に入っていない。また、ベネッセ教育研究開発センター『第二回子ども生活実態基本調査』（2010）によれば、「学校の先生」は小学生と中学生女子の「なりたい職業」の九位、高校生女子では二位。中学生男子は四位、高校生男子では一位である。

（2）文部科学省『学校基本調査』（2006）。全日制・定時制および通信制課程の値。

（3）詳細は河野・村松編著『高校の「女性」校長が少ないのはなぜか』（2011 学文社）を参照のこと。

（4）同法による都道府県教育委員会の取り組み状況等は河野（2017）を参照のこと。

（5）第三次男女共同参画基本計画の記載は、「二〇二〇年　三〇％」の目標の達成に向けた具体的な目標を設定するよう働きかける」、第四次同計画の記載は「三〇％目標に向けて、校長・教頭等への女性の登用について、具体的な目標を設定するよう要請する」である。

（6） 内閣府男女共同参画局「女性活躍加速のための重点方針」（2015）（2016）および、中央教育審議会答申（2015）『これからの学校教育を担う教員の資質能力の向上について～学び合い、高め合う教員育成コミュニティの構築に向けて～』。

（7） 各種調査が明らかにしているように教職は長時間労働であるが、原則として時間外勤務を命じられることはなく、替わりに教職調整手当が支給されている。

女性校長はなぜ増えないのか

——管理職養成システム改革の課題

／目次

序章　教育改革下の学校管理職とジェンダー

河野銀子

二五五（七・八％）。これがなんの数字か、わかる人はいるだろうか。日本の公立高校の女性校長の人数である（文部科学省 2016『学校基本調査』）。二一世紀の先進国の実態とは思い難いが、これが日本の教育の場の現状である。なぜ、こんなに女性校長は少ないのか。

1　学校教育とジェンダー

(1) 学校教育は男女平等か

学校教育の場はさまざまな分野の中でも男女平等が進んでいる――日本の多くの人々は、このように思っているようである。たとえば、内閣府が一八歳以上の日本国籍保有者を対象に実施した『男女共同参画社会に関する世論調査』(2016)(層化二段無作為抽出法、回答数三〇五九人)によると、六六・四%の国民が、学校教育の場は男女の地位が平等だと思うと回答している。この割合は、「政治の場」(一八・九%)や「社会通念・慣習・しきたり」(二一・八%)の三倍以上、「職場」(二九・七%)の二倍以上であるだけでなく、「法律や制度」(四〇・八%)、「家庭生活」(四七・四%)などよりはるかに高い(1)。政治や慣習はともかく、法律や制度以上に平等な場だと思う国民が多く、男女平等が達成されていない日本においても、教育の場だけは別だとする意識が垣間見える。はたして、実際はどうなのだろう。

文部科学省が実施している『学校基本調査』の最新値(二〇一六年一二月公表)によれば、日本には、国公私立を合わせた初等中等教育段階の学校が三万七〇〇〇校近くあり(2)、合計約九八万九〇〇〇人の教員(本務者)がいる。教員数を男女別に見ると、女性は四九万四〇〇〇人、男性は四九万五〇〇〇人であり、ほぼ同数となっている。この数値だけ見れば、確かに、学校教育は男女平等の場に見える。しかし、勤務先の校種や職位等の具体的レベルには、性別による大きな差異が見られる。

①ジェンダー・セグリゲーション(性別分離)

まず、学校段階が上がれば女性割合が下がるという垂直方向のジェンダー・セグリゲーショ

図序－1　初等中等教育機関における女性割合

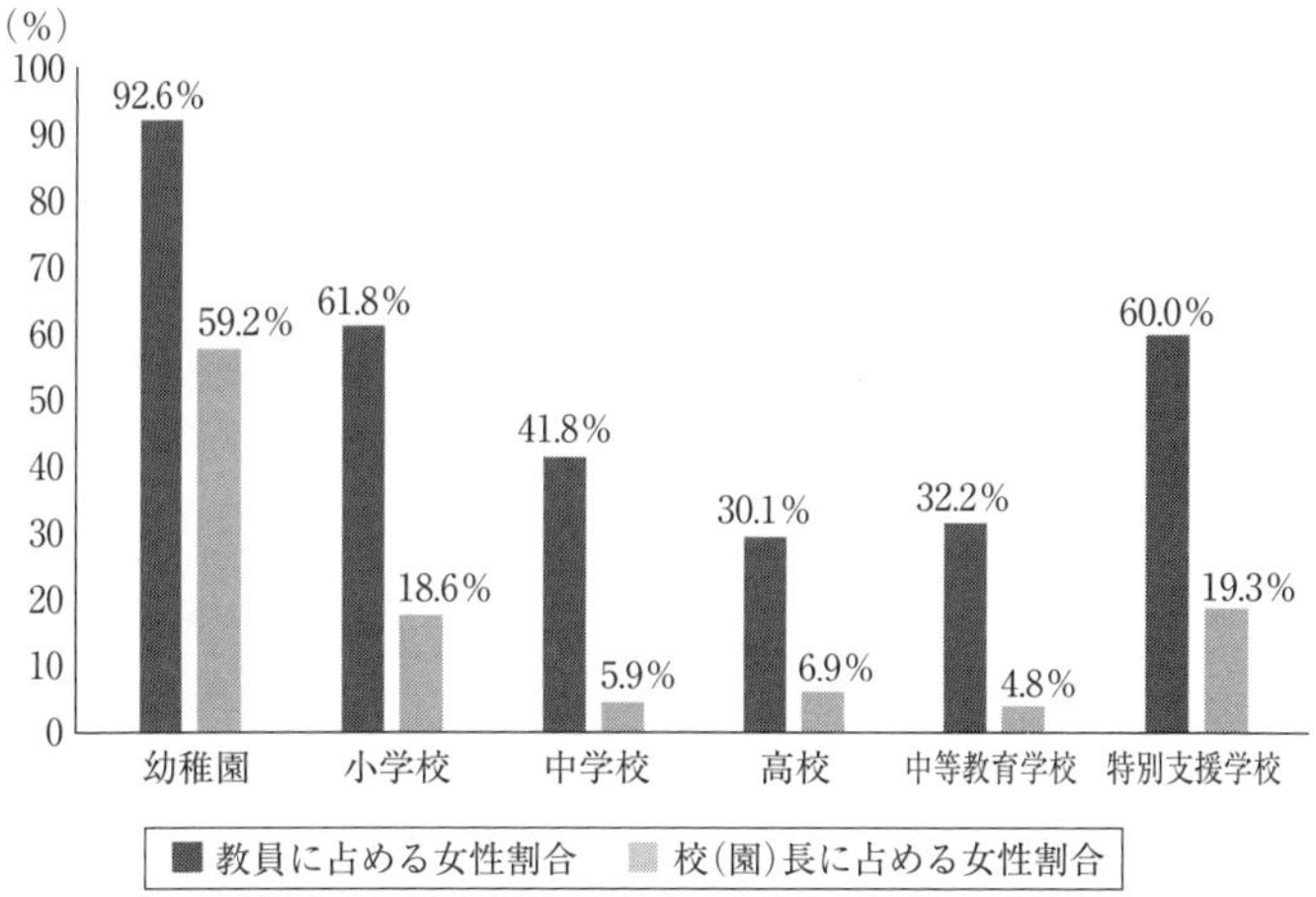

資料：文部科学省『学校教員統計調査（平成25年度）』より筆者算出

ンの実態がある。就学前教育の幼稚園から初等・中等教育、そして大学等の高等教育までの教育機関の女性教員割合には、学校教育段階が上がるにつれて下がる傾向が顕著に見られる。初等中等教育機関に限ると、小学校や特別支援学校など、細やかなケアが必要とされる子どもを対象とする教育機関の女性教員割合は六割にのぼる一方、高校や中等教育学校では三割程度にとどまるという特徴がある（図序－1）。

さらに、職位が上がると女性割合が下がる垂直方向のジェンダー・セグリゲーションが見られる（図序－1）。初等中等教育全体の男性校長は二万六七六三人いるのに、女性校長は四九九〇人と男性の五分の一以下しかいない。教員数に対する校長の比率を算出すると、男性教員の六%が校長であるのに対し、女性教員のそれは一%となる。しかも、こうした傾向は、どの学校種でも見られる。小学校や特別支援学校のように女性教員数が男性教員数を上回る校種においてすら、女性校長の割合は低い（順に一九・二%、二四・三%）。中学校や高校、中等教育学校における女性校長の割合はさらに低く、数%（順に六・四%、七・八%、四・五%）という状況で、国際的に見ても目立って低い（OECD国際教員指導環境調査（TALIS）2013）。

そしてまた、担当している職務や教科にも性別分離が見られる。第一に、教科やクラスを持たない教員の大半が女性である。初等中等教育機関の養護教諭の九九・九%、栄養教諭の九七・六%が女性であることに象徴されるが、彼女たちの仕事は、全校の児童生徒が健康に過ごせるように配慮することにあり、成績評価には携わらない。第二に、大学入試で重視される教科や科学技術職につながる教科の担当者は男性に多い。中学・高校で理数系や社会科学系を担当している男性教員は女性の二～三倍であるのに対し、英語や国語を担当している女性教員は男性の約二倍である。いわゆる文系とされる教科は女性が、理系とされる教科は男性が担当する傾向があることがわかる。また、アカデミックな教科以外では、教科の持つジェンダーイメージと教員の性別構成比が一致する。家庭科教員のほとんどは女性で、保健体育を担当する男性教員は女性の二～三倍である。このように、同じ教員でも、担当する職務や教科等が異なるという水平方向のジェンダー・セグリゲーションが明確に存在している。

②平等神話

男女平等が進んでいると国民に信じられている学校教育の場は、実際には、垂直方向に見ても水平方向に見てもジェンダー・セグリゲーションが存在しており、女性教員が周辺化されていることがうかがわれる。「学校＝男女平等」が神話化しているのである。男女の地位が平等な場だと思われている背景には、教職が戦前においても女性が就くことができた数少ない職業であったことや、戦後も、教育公務員の育児休業制度が他の職業に先行して実施されたことなど、女性が就労継続を可能にするための制度が整備されていたことが影響しているかもしれない。とはいえ、こうした平等神話は、教育の場に存在する男女不平等の現実を覆い隠し、不問にする作用を持つという問題を生じさせる。教育政策的にも長らく疑問が持たれることはなく、公的に男女不均衡の是正や改善の必要性が唱えられることもほとんどなかったことは、平等神話がもたらしたと考えられる。しかし、今世紀に入って、その潮目が変わることになる。

（2）ジェンダー政策における教育

国は、二〇〇三年に「社会のあらゆる分野において、二〇二〇年までに指導的地位に占める女性の割合が少なくとも三〇％程度とする目標（二〇二〇年　三〇％の目標）」（男女共同参画推進本部）を決定し、第三次男女共同参画基本計画（二〇一〇年）において各分野で指導的地位とする職種や職位などを示した。男女共同参画基本計画は、「男女共同参画社会の形成の促進に関する施策の総合的かつ計画的な推進を図るため」に、男女共同参画社会基本法（一九九九年）十三条に基づいて政府が策定し、閣議決定を経て公表されるもので、二〇〇〇年以降五年ごとに策定されてきた（以下、「基本計画」と略記）。

①男女共同参画基本計画

第一次（二〇〇〇年）、二次基本計画（二〇〇五年）においても教育分野に関する記述はあったのだが、その施策の対象は児童生徒や保護者等の教育を享受する側が中心で、教育を与える側には触れられていなかった（詳細は河野 2016）。その施策対象が教員へとシフトしたのが、二〇一〇年に策定された第三次基本計画である。先に掲げた目標を達成するために、教育分野については、「初等中等教育機関（公立）」の「教頭以上」が指導的地位とされ、「二〇二〇年三〇％」がめざされることになった。つまり、小中学校や高校等の教頭、副校長、校長に占める女性の割合を三〇％にするという明確な目標が立てられたのである。学校は男女平等の場だと思われているこの国で、教員構成比に男女不均衡の問題があり、その不均衡の是正を政策課題とすることが示されたのはきわめて画期的なことである。

ところが、五年後の二〇一五年に閣議決定された第四次基本計画では、その数値目標が「二〇二〇年までに二〇％以上」へ引き下げられた。五年ごとに立てる政府の計画において、前期計画より一〇％も数値目標が下げられるという事態は異常なことで、教育以外の分野では見られない。いったいどんな事情があるのだろうか。これに関する政府担当者の発言を見ておこう。二〇一五年一二月に開催された計画策定専門調査会において、担当者は「これは実は三次計画では三〇％と掲げておりました。」と事実を述べた上で、「ただ、現状が一五・二％と、その後の五年で倍にするというのはなかなか難しいものがある」という認識と「直近のトレンドを伸ばしたものにプラスアルファした値として二〇％以上」とした理由を説明している（計画策定専門調査会（第一三回）議事録、二三頁）。十分に納得できる合理的な説明がなされたとは思われないのだが、この説明に対する委員らからの言及はなく、数値目標が前期の計画から一〇％後退したことに対して、同委員会で問題とならなかったことがわかる。専門委員会ですらこの程度の意識であることは、教育分野の男女共同参画の推進が危ぶまれるが、そもそも教育の専門家が委員に入っていないことも関係しているかもしれない。

いずれにしても、専門調査会において「二〇％」への引き下げに対する「妥当性」が説明されたわけだが、実際に一九八五年以降、二〇一六年までの初等中等教育機関（公立）の教頭以上の女性管理職割合のトレンドを回帰分析してみると、二〇二〇年に二〇％となった（決定係数 $R^2=0.86$　図序－2参照）。つまり、二〇％というのは女性管理職がこれまでと同様の割合で増加すれば達成できる数値と考えられる。だとすれば、「二〇二〇年　二〇％」という数値は、担当省は政策的に何もしないと表明したに等しいことを意味する。「二〇％」ではなく「二〇％以上」としているとは切り抜ける余地を残しているとはいえ、「チャレンジング」な数値目標

図序－2　女性管理職割合（推計）

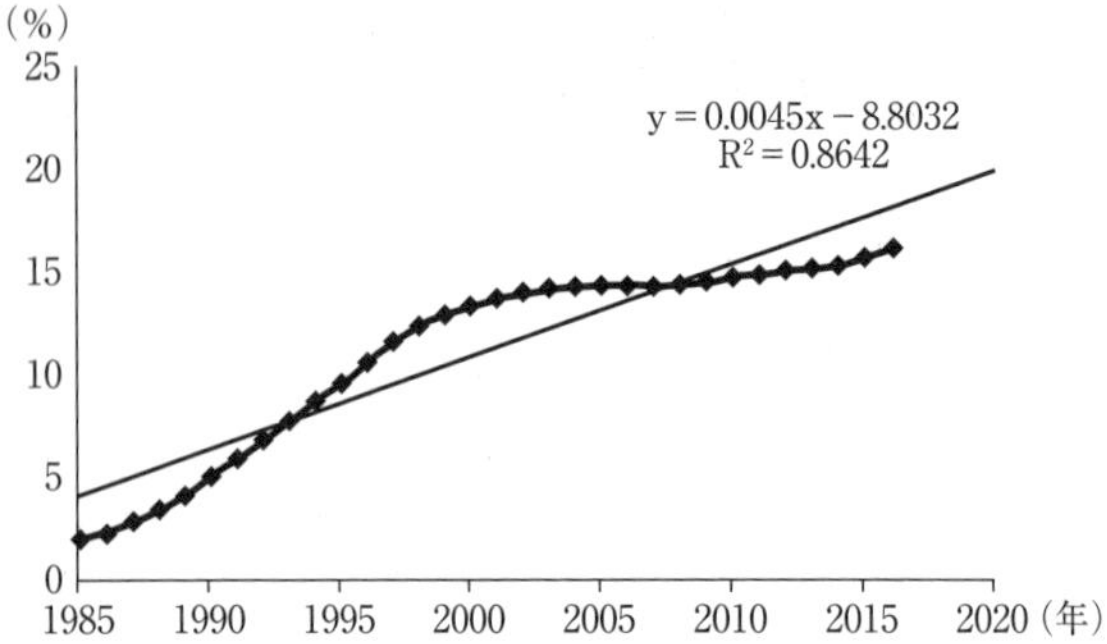

資料：文部科学省『学校基本調査』（1985-2016 年度）に基づいて筆者集計

設定を掲げている同委員会の趣旨とは乖離している。もとより、第四次基本計画では、教育分野はメディアと統合されて独立した分野ではなくなったことからも、これまでより軽視されているといわざるをえない。

ただし、第四次基本計画には、女性教員の管理職へのキャリア形成に向けた二つの具体策が明記されている。その一つ目は、「独立行政法人教員研修センターが実施する校長・教頭等への昇任を希望する教員等が参加する各種研修等に女性枠を設定」することであり、二つ目は「女性の校長・教頭等への登用に向けた意識づけ、女性管理職ネットワークへの参加促進」である。これは、女性対象の研修のようなものを想定していると思われる。こうした動向は、「女性活躍推進法」制定前に掲げられた「女性活躍加速のための重点方針二〇一五」（二〇一五年六月）の流れをくむものであるが、数値目標にしろ、女性枠設定にしろ、女性管理職を増やすためのポジティブ・アクションが示されたことは興味深い。ポジティブとはいい難い数値目標の下で、女性教員に対する管理職への意識づけと研修を強化しようという構図になっている。

②女性活躍推進法

教育分野で指導的地位に占める女性割合の目標が引き下げられ、それは実態に即したものだと説明されたことを見てきた。その実際はどうなっているだろうか。

「女性活躍推進法」（女性の職業生活における活躍の推進に関する法律）は二〇一五年八月二八日に国会で成立し、女性の活躍を実質的に推進する手立てとして、内閣府が、「女性の政策・方針決定過程への参画状況の推移」(3)を公表している。これによれば、教育分野の「指導的地位」とされる初等中等教育機関の教頭以上の女性割合の最新値（二〇一七年二月七日）は一六・一％である。この値は、指導的地位とされる新聞記者に占める女性割合（一八・四％）よりは低く、国会議員よりは高い。日本の国政の場における女性議員割合は衆議院議員九・三％、参議院議員二〇・七％、衆参合わせた女性議員割合は一一・六％で国際的な順位は一五一位とかなり低い(4)。とはいえ、政治の場の男女平等が進んでいないという国民感覚と合致するし、今国会で「政治分野における男女共同参画推進法案」として成立が見込まれている点で(5)、解決すべき課題と認識されていることが明らかだ。他方、教育の場の男女不均衡は、国民の三分の二が男女平等だと思っている現状とはかけ離れている上に、問題視されていないという問題がある。

人々は教育の場を男女平等と信じ、長らく政策的にも問題とみなされることがなく、やっと政策的取り組みが始まってもすぐに後退する。われわれは、こうした事態を平然と見ていてよいのだろうか。

(3) ジェンダー平等な社会に向けて

初等教育機関に比べて中等教育機関の女性教員が少なく、どの学校種別の校長も圧倒的に男性で占められているという現状は、程度の差や時代の違いはあれども、他国でも見られる(た)現象である。では、現状がそうだからといって、男女不均衡を選好の結果による自然なこととして受け容れるべきだろうか。

アメリカの政治学者エイミー・ガットマンは、教員に占める女性割合の状況は、少女たちに「彼女たちが子どもを支配することは正常であるが、男性を支配することは異常である」と学ばせ、「少年たちにその正反対」を学ばせていることになり、このことが男女差についてのステレオタイプの無批判的受容を強化すると述べる。そして、ステレオタイプ化から抜け出す生き方に関する熟慮の抑圧をもたらすとしている(Gutmann 1987 = 2004)。子どもたちが日中の多くの時間を過ごす学校で、日々、教員の男女不均衡を目のあたりにするならば、子どもたちはそれを自然なことと理解し、乗り越える課題と認識することがなくなるというわけである。

①隠れたカリキュラム

子どもたちは、授業を通して学習する教科の内容はもちろんのこと、名簿や呼称、持ち物や掲示物等のモノを通して、また、子ども同士、あるいは教師との相互作用を通して、アイデンティティを構築したり、人としてのふるまいや人間関係の築き方を修得したりしていく。このように学校教育の公式カリキュラムとしては明示されていないが、子どもたちが受容するさまざまなメッセージを、教育社会学では「隠れたカリキュラム」(Jackson 1968) というが、それらは、児童生徒や教師たちの意図の有無とは無関係に、その内面へ浸透していく。たとえば、宮崎 (1991) は、小学校での参与観察を通して、特に子どもたちを男女に分ける必然性がない場面でも教師が性別カテゴリーを用いる実態を取り上げ、それが指導上のストラテジーとして中立なものと認識されていることを明らかにした。教授行為をうまくこなすために男女別に指導しているという認識は、教師の行為が子どもたちの性役割の社会化に加担する可能性があることを潜在させてしまう。教師による性別カテゴリーの多用は、幼稚園（森 1989）などでも観察されている。子どもたちは幼少期から自身が属する性別カテゴリーを認識し、その上にそれぞれの性別イメージを持つ色分けや呼び分け等の経験を積み重ね、それらを自然なことと受け止め、他の方法があることに気づかなくなる。この「隠れたカリキュラム」は、教師と生徒、生徒と生徒の相互作用にだけではなく、教科書に代表される教材や指定の持ちもの、また教室配置や教室内の掲示物等々を通して子どもたちに作用し、ジェンダー意識に影響を与える。教員の性別構成比も、その一つである。教員構成にジェンダー・セグリゲーションがあること自体に問題があるというガットマンの指摘の要は、ここにある。

こうして、仮に性差別主義の教員がだれ一人いなくても、学校はジェンダー不均衡の伝達の場と化してしまうのであるが、さらに問題なのは、この隠れたカリキュラムが、正当な知を伝達していると信じられている公教育の場で進行することである。つまり、子どもたちが無意識のうちに身につけるジェンダーを帯びた知識やスキルは、公教育という正当性をまとって何の疑いも持たれずに受容されてしまう。女子は家庭科で男子は技術科という明確なジェンダー問題をはらむ教科の設定や、同じ体育でありながら女子はダンスで男子は武道という男女別の教育内容も、学習指導要領に基づく正当なカリキュラムとして戦後長らく続いていたのである。

戦後日本の教育制度は、男女平等の理念に根差して制定された。それは、進学できる中等教育機関が男女で異なり、その教育年限や教育課程も性別によって異なっていた戦前の制度からの大きな転換であったが、実際の教育内容には性別による非対称性があった。しかしながら、その差異は性別による特性に応じた自然なものとして疑われることはなかったのである。学校は男女平等の場だという多くの人が抱いている幻想は、学校に存在するジェンダー・バイアスの正当化を下支えし、学校をジェンダーの再生産装置とせしめている。こうしたことから、子どもたちの多様な育ちの確保のためだけでなく、社会のジェンダー平等推進のためにも、性別による極端な差異を帯びた学校教育の現状は積極的に是正される必要がある。

②教育分野における女性管理職の少なさを解明する意義

ここまで見てきたように、学校教育は、他の分野以上に社会におけるジェンダーの再生産を助長させる分野であり、国の施策において軽視されてよいはずがない。むしろ、現在の子どもたちが性別にとらわれず、幅広い分野で活躍する可能性を拡げるために、教育分野での男女平等はより重視されねばならない。それにもかかわらず、無策のまま放置されてきたことは先に述べたとおりである。

教育における男女不均衡の是正は、短期的な成果はあらわれにくいと思われがちだが、男女共同参画社会の形成に対する効果を鑑みれば絶大な裨益がある。二〇一五年、国連女性の地位委員会は、「二〇三〇年までに指導的立場の女性を五〇％」にすることを目標として掲げた。「二〇二〇年までに二〇％以上」を目標とするこの国の現状とは、隔世の感を禁じえないが、二〇三〇年とは、今年、小学校に入学した子どもたちが成人し、現在の中学生や高校生たちが社会人として初期キャリアや中堅期を迎える時期にあたる。教育分野での男女平等の推進が現状のままでは、成人した彼らが多様な分野でキャリア形成し、ジェンダー平等な社会を牽引する主体として活躍していけるかどうか、大いに懸念される。

本書が、学校における男女不均衡の中でも、特に管理職に占める女性割合の低さに注目するのは、以上のような理由による。二〇年後、三〇年後といった将来の社会を見通す時、現在の学校教育の男女不均衡の是正が喫緊の課題であることに疑いの余地はない。

それにしても、これほどまでに女性校長が少ないのはなぜなのか。平等神話の存在や政策的な取り組みがほとんどなかったことに原因の一端があるとしても、女性管理職増加が明確な政策課題となった今、あらためてその原因を探る必要があるだろう。同時に、政策課題として位置づけられたことによって、今後、女性校長は増えるのか、検討することは大いに意義があるといえる。

(4) なぜ女性管理職は少ないのか

ここまで、校長に占める女性割合が低い現状を述べてきたが、時系列的に見れば上昇してきてはいる。一九八五年には約二%だった小学校の女性校長割合は、二〇一六年には一九・二%に、同期間の中学校女性校長は〇・二%から六・三%へ、そして高校の女性校長は〇・二%から七・八%へと増えた。その母集団となる女性教員割合もこの約三〇年の間に増加しており、一九八五年に三四%だった中学校では四三%(二〇一六年)に、一六%だった高校は三五%(二〇一六年)になった。ただ、これらの学校種別より以前から女性教員が多かった小学校については同期間に五%程度(五九・七%→六四・三%)しか伸びておらず、女性教員が増えれば女性管理職も増えるという図式にならなかったことがわかる。こうした教員数の量的変化は教員研究にも影響を与えており、早くから女性教員割合が高まった小学校教員を対象としたものが多い。

小学校の女性教員が半数を超えるようになった一九六〇年代末には、早期離職者と継続者を比較して女性教員の「残存条件」を探るといった調査研究が行われている（深谷・深谷 1969）。女性本来の特性を生かせるから教師は女性の仕事として最適といわれるが、残存者は「伝統的女性規範から逸脱した性格の持ち主」であったという。小学校教員に占める女性割合は一九八〇年代後半には六割を超え教職の「女性化」現象が見られるようになるが、その背景について天野（1984）は、高度経済成長によって増加した高収入・高威信の職業に男性が転じ始めたために生じたとし、このことが同時に教職の相対的地位低下をもたらしたとしている。こうした女性教員に関する研究蓄積は、管理職を対象とする研究にも連なっている。

小学校の女性管理職研究はそれなりに蓄積されており、同じく義務教育機関である中学校の女性管理職研究も見られるようになっている（杉山・黒田ほか 2004; 女子教育問題研究会 2009; 河上 2014 など）。ただ、これらは、学校経営や制度設計の検討を主要な研究対象とする学校管理職研究と違って、教員側のキャリア形成に着目する傾向があり、管理職研究全体の中では主流ではない。学校管理職研究について付言しておけば、昨今の夥しい研究蓄積にジェンダーの視点はほぼ見られない。また、高校教育段階については、そもそも教師研究自体が研究対象とされにくい状況があった。高校教育研究の課題は、まずは学校階層構造の解明であり、明らかとなったトラッキング・システムの内部過程分析にあったからだ（冨田 2012）。

①三つの理論

このように、日本の女性学校管理職研究は未だ限定的なものにとどまっている現状があるが、それらは、女性教員が管理職にならなかったり、なれなかったりした背景を探るタイプの研究から、校長となった女性教員のキャリアパタンの特徴を見出すことで管理職の少ない要因を見出そうとするタイプの研究へとシフトしてきた。これらに基づきながら、女性管理職の少なさを説明する理論を整理すると、概ね三つに大別できる。

・管理職に女性が少ないのは、女性教員自身に問題があるから

第一に、個々の女性教員自身に問題があるとする理論がある。

アンケート調査などの結果に基づき、女性教員には、家庭を優先する傾向があること、職業人としてのプロ意識が欠如していること、成功不安（「女性性」との葛藤）があることなどを、女性管理職が少ない原因とする研究である。一九六〇年代から一九九〇年代のいくつかの調査を整理した河上（2014）によれば、いずれの調査でも七～九割の女性教員には管理職志向がない点で共通していたという。そして、これらの調査研究が、女性の管理職志向の低さの原因について、女性教員の消極性や視野の狭さ、責任回避の姿勢や甘え、職業意識の欠如等、女性の能力や意欲の低さにあるとみなす傾向があると指摘している。こうした傾向は、この期間以降にも見られる。たとえば、長年にわたり女性教員の調査等を行ってきた田中（2012）は、自身

の過去の調査をまとめ直し、日本の女性には「『職業人としての意識の低さ』に問題があることは周知の事実」で、女性教員も例外ではないとし、「教員の仕事に格差は存在しない」から「一度、仕事に取り組んだ以上、女性であると言ったことが何事の言い訳にもならないことを十分に女性教員は、今以上に確認すべき」と述べている。

確かに、管理職になるか否かや、そのためのルートに乗るか乗らないかを最終的に選択し決断するのは女性教員自身であるとしても、その選択行動をとるに至るまでにはさまざまな葛藤や妥協があったはずだ。だが、これらの研究においてはそうしたプロセスは捨象されている。公立学校教員のキャリア形成は、校内での役割（担任学年や校務分掌等）や研修機会や人事異動などの積み重ねであり、個人の努力や能力や意欲だけで決まるものではない。キャリア形成上のプロセスが重要なファクターなのである。とりわけ、管理職任用ともなれば、たとえば候補者を推薦する必要がある場合に、教員組織内部の諸権力や外部からの圧力が絡み合うなど、複雑なプロセスがあり、女性教員自身の問題とする理論には限界がある。

・管理職に女性が少ないのは、職場環境や組織文化に問題があるから

第二に挙げられるのは、職場環境や組織文化に問題があるとする理論である。

各学校の教員文化やその学校の存立基盤となる地域の教育行政や教育風土が持つ慣行や暗黙のルールに、女性教員を管理職から遠ざける機能が埋め込まれていることを明らかにした研究群がある。たとえば、女性教員が四〇～五〇歳代で退職する慣行（高野 2006）や中高年女性をターゲットにした退職勧奨（河上 2014）、校内の最年長女性が「上席」というインフォーマルな束ね役とされる慣行（明石・高野 1993）があることが明らかにされた。女性教員には、就労を継続し管理職をめざす道じたいが閉ざされていたり、正規の管理職とは別ルートが設定されたりする慣行があるために、女性管理職が少ないとされる。

また、個々の学校内での教務主任等の経験、宿泊行事を伴う学年の担任経験や部活動の指導経験など、管理職任用の条件として必ずしも明示されないが重視される諸要件（楊 2007; 河野ほか 2012; 船山ほか 2014 など）があることも女性管理職が生まれにくい土壌をつくっている。家を離れなくては受講できない長期研修や深夜近くまで仕事が続くこともある行政経験などが、暗黙の要件とされることもある。長時間労働や休日出勤、宿泊、別居等を伴うこれらの仕事は、中堅期までに経験しておくことが望ましいとされるが、その時期が子育て期と重なる多くの女性教員に家庭責任との「調整」を強いることになる（河野ほか 2013）。育児等との両立の大変さを勘案してこれらの役割を女性に与えない「配慮」が周囲から行われたとしても、特定の時期にこれらを経験することが重視される傾向がある限り、女性が管理職に向けたキャリアを形成することは難しい。これらが、結果的に女性を不利な立場に追いやり排除する「システム内在的差別」（河上 1990）として機能し、それが累積して教員のキャリア形成における「男女別ジェンダートラック」（亀田 2012）を成立させるからである。

以上のように、女性が教職を続けることを忌避する慣行や、教員キャリアの形成上で直面する家庭生活とのバランスの調整を片方の性のみが強いられがちな組織文化のあり方、そしてそれに基づく周囲からの期待や評価のありようは、女性教員が管理職ルートに乗ることを妨げている。こうした職場環境や組織文化のあり方を女性管理職の少なさの原因だとする理論は、女性教員個人に原因があるとする理論より現実に即しているように思われる。だが、仮にこれらが改善されても、女性教員が管理職任用試験を受験し、それをクリアしなければ女性が管理職になることは難しい。

・管理職に女性が少ないのは、登用のあり方に問題があるから

そこで、第三に、管理職登用のあり方に問題があるとする理論が挙げられる。先に述べたように国が女性管理職割合の数値目標を掲げて旗を振ったところで、公立諸学校の教員人事の任命権は都道府県にあるため、女性管理職割合の上昇の実現はこのレベルでの登用のあり方如何にかかっている。

図序－3に示したように、実際の初等中等教育機関の教頭以上の女性割合には明白な都道府県差が見られる。女性教員の意欲や能力が都道府県によって極端に異なるとは考えにくいことから、ここに見られる都道府県差は登用のあり方の差があらわれたものと考えられる。女性管理職割合の都道府県差を時系列的に追っていた池木（2000）は、女性管理職割合とその差を生

図序－3　教頭以上に占める女性割合（初中等教育機関）

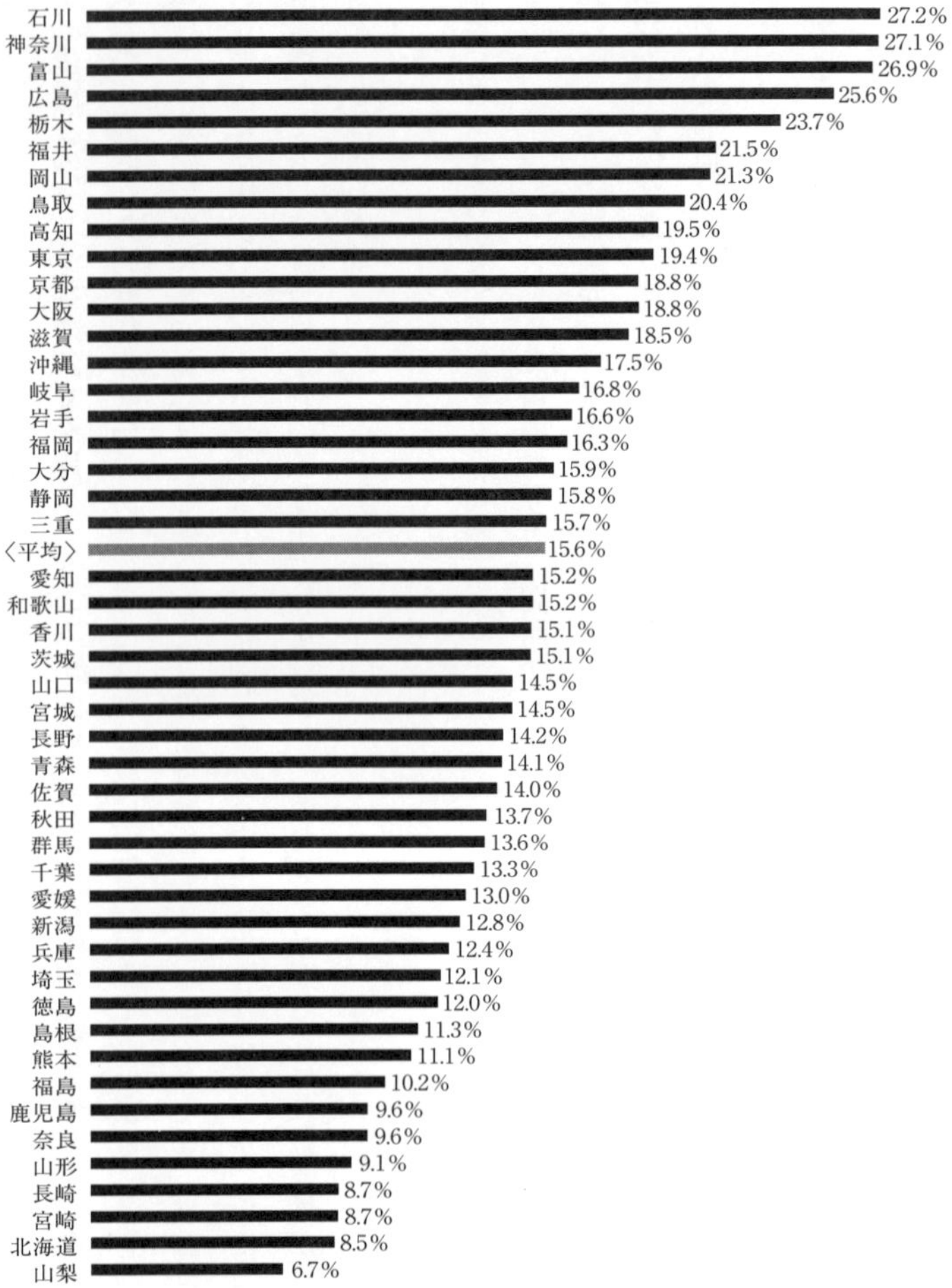

資料：文部科学省『学校基本調査』(2015) より筆者作成

じさせると想定される諸要因の相関を分析し、「一般社会における都道府県別格差」ではなく、「教育界内部に帰すべき部分が大きい」ことを明らかにした。そして、「人事権を持つ都道府県教委担当局の男女共同参画推進にかかる意思と実行力」こそが、女性管理職割合に決定的に重要だと述べている。つまり、女性管理職の割合は、女性教員の意識（第一の理論）や学校の組織文化（第二の理論）だけに起因するのではなく、登用側の意図が多分にはたらいているのである。ただし、女性管理職割合の低さは、必ずしも女性を排除しようとする強い意図によってもたらされるとは限らない。担当者もまた、「校長＝男性」を自明とする教員文化の中でそのキャリアを形成してきており、担当者になったからといって、突然に男女共同参画の観点で人事を行うとは考えにくい。登用側が管理職登用に男女共同参画の視点を用いるには、従来の慣行や組織文化に埋め込まれている価値思考を相対化できるような「気づき」が必要なのである。

この点において、女性管理職の数値目標が示されたり、管理職研修における「女性枠」が設定されたりすることには、一定の効果がある。少なくとも登用側に「気づき」の契機を与えることになるからだ。いつ、だれが、管理職登用試験を受けられるのかといった受験資格や条件、選考にあたって何を重視するのかといった評価基準や方法、またこれらの公表の仕方や範囲等は登用側の決定事項である。したがって、登用側の意識が重要であるのはいうまでもなく、女性管理職が増えるかどうかは、各都道府県の設定する要件等のあり方にかかっている。ただし、女性管理職の割合や研修に参加させる女性教員数等の数値目標を掲げてそれを達成すれば女性管理職が増える、というほど現実は単純ではない。このことはのちに述べるとして、その前に管理職任用の仕組みを見ておこう。

②管理職登用の仕組み

そもそも、管理職任用は可視化しづらい特徴を持っている。

学校管理職の登用は、競争試験ではなく選考試験によって行われている。これは、教員採用試験がその職務の持つ無境界性や無限定性といった特殊性に鑑みて選考試験を用いるのと同様の考え方に基づいている。試験対策に長けた教員が高得点をとっても、未成熟な生身の人間と丸ごと向き合う教職の複雑さや多様性、また個々の学校の置かれた文脈の理解ができないと、学校管理職を務めるのは困難である。こうした教職の特殊性から、競争試験の勝敗による管理職登用が望ましいとは考えられていない(6)。

また、管理職試験のプロセスや結果の公表が難しいという事情がある。次年度に新たに必要となる管理職の人数や質(教科等)は、退職者数の多寡や新たに校長・教頭等を配置すべき学校の特色などによって異なるため、あらかじめそれらを把握するのが難しい。そのため、試験結果が調整可能な形式(名簿搭載など)で扱われることが多い。

以上のような理由から、管理職試験やその公表に関する可視性は低いものとなっている。こうした不可視性は、教員配置の実際に照らせば一定の合理性がある半面、管理職登用を曖昧で不透明なものにする危険性も併せ持つ。かねてから教員の異動や昇任人事が「密室」で行われてきたとの指摘がある（新富 1983; 柳 1983 など）し、われわれのインタビューでも、県庁を離れて泊まり込みで行われていたと過去の人事のあり方を話す人がいた。また、「昔はコソコソ管理職試験を受けにいったものだ」とか、「何度も落とされる理由がわからない」といった発言も聞かれ、当の教員たちも、だれがどのように管理職として選考されているのかを知りえていないことがうかがわれた。つまり、管理職登用に限らず教員人事のあり方はかなりの程度ブラックボックス化している（た）。

そして、ブラックボックスの内側で、学閥や校長会、組合、地域の有力者などの力学がはたらくこともあるといわれている。「公立学校の人事行政は円滑に実施されているとは評しがたい」として実施された一九八〇年代の調査では、約六割の回答者が人事異動の決定過程において政界の有力者が「影響しているかもしれない」と思っているという結果を得ている（国立教育研究所 1983）。また昨今においても、大分県や沖縄県の教員の採用や昇進をめぐる贈収賄事件が起きたこと、しかもその監督省庁である文部科学省が「天下り」人事に組織的に関与していたという不祥事もあり、教育界の人事の公正さが疑われている。

本書の目的に照らせば、任用試験の方法とともに上述したようなブラックボックス化した人事のあり方が男女教員の異動や管理職登用にどう影響しているかが重要となる。

まず、試験方法が女性排除を内包しているとする指摘がある。先にも引用した池木（2000）

は、「秘密裏に行われる人事選考という裁量行為の影に自《ママ》らの女性差別体質を上手に隠蔽している」と言い切る。ブラックボックス内部の人事は、脈々と続いてきた男性中心のネットワークに根ざした価値や視点によって行われており、そこへの接近が可能なチャネルを持つ教員が有利になることから、女性教員が不利になりやすいと考えられるのだが、それを選考試験という方法が覆い隠しているというわけだ。

また、試験以前に女性排除が生じる懸念もある。というのも、選考試験の受験には勤務校の校長の推薦が必要な場合があり、ゲートキーパーとして人事に対する多大な影響を持つとされる校長のほとんどが男性であることが、結果的に女性の昇進に不利に働く懸念が示されている（楊 2007; 杉山ほか 2004; 女子教育問題研究会 2009; 河野・村松編著 2011）。他方で管理職試験制度が開放的な都道府県で女性管理職が多いという事実から、ブラックボックス化を解消することが女性管理職を増やす鍵とする研究もある（杉山ほか 2004）。ただ、表向きには校長等の推薦が要求されていなくても、校長が非公式に管理職試験を受けるように声をかけたり、教員側が礼儀として受験意向を伝えたりする慣行があることから、試験制度を開放的にしても限界があると考えられる。受験要件に推薦が明示されていようがいまいが、校長はゲートキーパーとなっている現実がある。このような勤務校の管理職の承認と支援の下でしか管理職へのキャリア・パスを形成できない学校管理職の昇任のあり方は、その選抜・育成が既存エリートによって行われる庇護移動であり、参加自由な競争による地位上昇を達成する競争移動と違って、校長の価値観やジェンダー観が色濃く反映される（河上 2014）。

一方、夫妻で管理職となることを忌避する慣行に従って、管理職への声がけがあっても管理職の道を選択しなかった女性教員や、二人ともが重責と激務に追われる生活を避けるために管理職試験受験の勧めを断る女性教員の存在が確認されている（高野 2006）。慣行の根底や、二人のうちの一人が管理職になる選択をする場合に女性が控える点に注目すれば、それらの選択行動の背後に男女の地位をめぐるジェンダー・バイアスが存在することを指摘でき、こうしたジェンダー・バイアスが女性教員の地位引き下げをもたらすために、女性管理職が少ないという説明が可能である。第二の理論が示したように、ゲートキーパーたる校長は教員文化の中で引き継がれてきた「校長＝男性」という価値思考を内面化している可能性が高く、仮にそこから自由であっても無意識下で「自分の後任は男性」と思っている可能性は多分に考えられる。

しかし、別の角度から見るとどうだろう。管理職への道を選択しないという行動は、それに先行して女性教員を管理職へと推す登用側（ここでは勤務校の校長）の声がけがあって成立する。登用側が教員人事の慣行や管理職の激務を知らないはずはないので、そうした教員世界の慣行や働き方の実態を知りつつもなお、女性教員に対して管理職になるよう働きかけたことを意味する。このことが示しているのは、ブラックボックス内部において、女性排除に徹した人事が常態化しているとは限らないということだ。ただし、どちらの場合も多くの女性教員は蚊帳の外であり、こうした人事をめぐるポリティクスへの関与の度合いが低く、そのことが女性教員を管理職からいっそう遠ざける一因となっていることは否めない。

このように、管理職任用をめぐるポリティクスはブラックボックスの中にあることから、その研究が難しい。そのため、女性管理職の少なさを登用のあり方の問題であるとする第三の理論については、まだ研究が少なく、今後いっそうの蓄積が期待される。

(5) 女性管理職を増やす戦略

前項で整理したように、女性管理職が少ない背景として、女性教員自身の意識の問題、学校の職場環境や組織文化の問題、管理職登用のあり方という制度問題等が考えられる。これらは順に、女性個人というミクロレベル、学校組織というメゾレベル、登用制度というマクロレベルの問題といえる。それぞれが重層的に関わりあって女性管理職の少なさが生じているのが実情であろうが、ここでは、各レベルにおいて想定しうる女性管理職を増加させる戦略を考えてみたい。以下では、アプローチすべき対象を示す形で述べていく。

①戦略

・戦略1――女性教員個人へのアプローチ

第一のレベルにおいて、女性管理職を増やすためにとりうる解決方法は、女性教員の意識変革となろう。女性教員を対象として、職業に専念する重要性や管理職をめざす意義を唱える研修や講習を開設したり、ロールモデルとなる女性管理職や管理職をめざす女性教員同士の交流会を開催したりする戦略が考えられる。職務にかかることだけでなく、自信をつける方法や葛藤を乗り越えるためのメンタルなトレーニング機会の提供も想定されるかもしれない。一九七〇年に当時の文部省初等中等局長によって出版された『女教師のための学校経営入門』は、女性教員が職業人として十全になることの重要性を説いたものだったという（河上 2014）。

しかし、家庭責任を負ったままの状態で職業意識の向上を試みても、実質的に管理職へのキャリア形成が可能となるのは、シングルの女性や育児介護等に対する外部からの支援を得られやすい教員に限られることから、女性管理職の増加にどれほどの効果があるか疑問である。あるいは増加したとしても、特定の位置にいる女性内部の増加にとどまり、戦略の効果が高いとは考えにくい。

・**戦略2――慣行や組織へのアプローチ**

第二のレベルにおいて想定される解決方法は、学校に存在する慣行の見直しや組織文化を変革することであり、学校という職場や教員の仕事のあり方の再検討が含まれる。具体的には、校務分掌の割り当て方や主任の担う職務内容自体の見直しや、家庭生活の犠牲を強いる働き方や長時間労働を是認する組織文化の見直し、またそれらを前提した評価（間接的にしろ直接的にしろ）のあり方を再検討することが鍵となる。この場合、職務内容を明確化し、それに応じた教員評価を行うといった企業の人事管理のような戦略が有効に思えるが、教職は職務を明確化しづらい特殊性を持つため、この方法はそう簡単ではないし、そもそもこうした手法で組織文化や働き方の現実が変わるとは考え難い。

事実、教員の長時間労働が問題とされ、長時間労働を美徳とする組織文化の見直しが指摘されて久しい。しかし、まったく改善されていないどころか悪化していることが調査結果にあらわれている。文部科学省が実施した「教員勤務実態調査」の速報値[7]（文部科学省 2017）によれば、週あたりの勤務時間はどの職位でも一〇年前より長くなっており、「副校長・教頭」では小中学校ともに六三時間を超えている（持ち帰り時間を含まない）。また、連合総研（2016）の調査でも、休日も含めた週の実労働時間数が六〇時間を超える小学校教職員が七三％、中学校教職員では八七％という実態が浮き彫りにされ、他の職業と比べても教職は長時間労働であると指摘されている。

これらの例からわかることは、慣行や文化は、教員たちの意識改革だけでは変わりえず、実効性ある制度や仕組みの構築が必要だということだ。たとえば、一九七五年の女性教員等を対象とした育児休業法の制定や、一九八五年の地方公務員の定年制実施が女性教員の離職率を改善させたこと（河上 2014）が参考になるだろう。ただ、一九六〇年代後半に、文部省が女性管理職を増やす試みとして実施した校長・教頭研修講座に女子教員部会を設けるなどの取り組みが（河上 2014）、どのような成果をもたらしたかははっきりしないが、その後、顕著に女性管理職が増えたという事実はないので、これらのアプローチには限界があったことがうかがわれる。いずれにしても、さまざまな慣行や組織文化は、制度を新設すれば必ず変わるというわけではないことがわかる。

・戦略3――管理職登用システムへのアプローチ

そして、第三のレベルに対応する改善策は、ブラックボックス化しているとみなされている管理職登用のあり方を変革することである。アカウンタビリティを強調する昨今の傾向に沿えば、管理職試験の受験資格や条件を要素として明確化し、その評価基準や方法を明示する戦略が考えられよう。さらにはその透明性確保のため、一連の過程の公表も求められるだろう。こうして、ブラックボックスを透明にすれば、だれが選考試験を受けられ、どのように評価されるのかが可視化され、管理職ルートへの参加機会がすべての教員に開かれたものとなる。したがって、管理職登用を透明性のある公平公正なシステムに改革すれば、女性管理職が増えることが予測される。管理職登用のあり方を可視化すれば、それが男女に公平な機会を与え、公正な登用が行われるようになる、というのは本当だろうか。

ここでは、公平公正なあり方の具体的手立てとして、教員評価と経験重視の二点から考えてみたい。

②新しい教員評価

管理職登用の透明性を高めるために、新しい教員評価制度（後述）による評価結果を管理職試験受験の条件や選考の要件として用いることが考えられる。しかし、第二の点でも述べたように、要素に切り分けることが容易ではない教員の仕事を無理やり要素化して評価項目にすると、その仕事だけに熱心に取り組む教員の評価が高くなったり、要素にしづらいが重要な仕事が軽んじられたりするなどの懸念がある。

第三章や第五章で触れているように、テストの点数や大学合格者数などのように数値化が可能な仕事は教師の仕事のごく一部でしかない。しかし、こうした教員が「学力向上」に尽力した功績を認められ高い評価を得て管理職になりやすいとしたら、担当教科による不均衡が生じる。また、仮にこうした教員が、子どもの傍に寄り添いその成長をじっと見守り、必要に応じて支援の手を差し伸べるといった教えるという仕事の根幹をおろそかにするようであれば、その教員が管理職になることでその学校の教育がよくなるかどうか疑わしい。特定の時間や行動や能力に切り分けられず、何をもって公正とみなすかを断定するのが難しい教えるという仕事を要素に分けて個々の教員の成果を評価し、それを昇進に利用する利点は低いと思われる。職務内容が比較的要素化しやすい企業においてすら、成果主義的人事管理がもたらす弊害が生じるようになっていることが知られる。ジリアン・テット（Tett 2015 = 2016）は、透明性や効率性を高め、責任の所在を明確にするために細分化された組織において、部署間の情報共有がなくなったり、特定の役割を任された社員がその役になりきったりするなどの「サイロ化」が生じ、事業に失敗した詳細な例をいくつも紹介している。評価項目にある仕事だけ、校務分掌で示された職務内容だけを真面目に遂行する教員が増えることは、児童生徒をトータルにケアする教員が減ることになり、学校教育の失敗を招くのではないか。

③研修経験等の重視

次に、特定の主任や研修などの経験、行政経験などの見えやすい経験を管理職試験の受験資格とすることが考えられるが、それは女性教員に対する間接差別となる可能性がある。先に見たように、女性が家庭責任を負う役割を担いやすい状況では、中堅期に教務主任等の経験をすることは難しい。また、いわゆる「中央研修」と呼ばれる長期間の研修受講が管理職登用のための要件とされれば、一ヵ月近く家庭を離れることが可能な教員しかその機会に与かれないことになるし、家庭責任の放棄となりかねないことに対する気遣いから女性教員に声がかからない可能性もありうる。その配慮は女性教員の管理職へのキャリア形成を柔らかく排除する。

このように、主任や研修の経験の有無や種類は可視化しやすいが、男女に中立な要件に見えて、実はそうではないことがわかる。それらの経験へのアクセシビリティを勘案すれば、条件を満たさない多くの女性教員を生み出す不公正なシステムといえる。この点に立脚すれば、管理職登用への影響が大きい研修に「女性枠」を設定したところで女性管理職が増えるかどうか疑わしい。「女性」対してジェンダー不均衡な社会の文化的評価構造それ自体を不問にしたままでは、研修機会などの再配分を行ったところで、それがジェンダー不均衡や不公正の是正にはならないのである（Fraser 1997 = 2003）。

以上、三つのレベルで理論的に検討してみた結果、各レベルで女性管理職を増やす方策が考案できるものの、それぞれに何らかの問題をはらむことが明らかになった。女性管理職の増加策を講じるのであれば、とりわけジェンダーの視点で見た場合に生じる各レベルでの問題点をどうすれば乗り越えられるか、より詳細な検討がなされる必要がある。そうでなければ、実質的な女性管理職の増加は望めないだろう。

ところが、そうした検討がなされないままに、第二と第三のレベルに関わる大きな変化が起きている。たいていの政策がそうであるように、教育政策もまたジェンダー主流化[8]の視点が欠落したままに改革策が動き出したのである。新しい教員評価制度が導入され、上述したような懸念が、正に現実のものとなりつつある。また、新たな管理職像を見えやすい基準によって明示し、それを踏まえた登用や育成のあり方の具体化も始まっている。

すでに述べたように数値目標を掲げ（教育分野のそれは後退したとしても）、「女性枠」の設定を示すなど、実効性ある女性活躍推進策が講じられている。こうした政策的取り組みによって学校管理職の女性が増えるかどうかを吟味することが本書の目的であることも、すでに述べた。ただ、本書で掲げるこれらの問いは、ジェンダー政策と教育という枠組みの中だけで追究することは難しく、ほぼ同時に進行している学校管理職養成の改革という教育政策の影響も考慮せねばならない。一見すると無関係に見える女性活躍の推進と教育改革の進行という二つの政策の背景を紐解くことが、遠回りなようで女性校長が少ない原因を探ることに連なる可能性がある。

2　教育改革と学校管理職

(1)　学校の組織改革

ここでは、現在進められている教育改革を概観しながら、管理職登用システム改革がめざす方向性を確認しておきたい。そのことが上で述べた第三の戦略の成否を占うことになるからだ。

現在の教育改革は、明治期の「第一の教育改革」、戦後の「第二の教育改革」に次ぐ「第三の教育改革」と位置づけられており、けっしてマイナーチェンジではない。その起点は「四六答申」(『今後における学校教育の総合的な拡充整備のための基本的施策について』) にあるとされる (平成二四年度『文部科学白書』) が、実質的には一九八四年に内閣総理大臣の諮問機関として発足した臨時教育審議会 (臨教審) が契機と見られており (勝野 2007; 広田 2009; 油布 2015 など)、「小さな政府」が志向される中、学校教育にも民間企業の経営管理手法を用いようとする兆しが見られるようになる。こうした兆候が、各地域の教育行政や各学校現場で現実のものとなるのは、主として二〇〇〇年以降であるが、学校管理職のあり方や育成に関する議論もこうした流れの中で捉える必要がある。

①教員や管理職のキャリア

教員のキャリア形成や管理職登用のあり方に直接的影響を及ぼす嚆矢としては、一九九八年の中教審答申『今後の地方教育行政の在り方について』を挙げることができる。この答申では、「学校の自主性・自律性の確立と自らの責任と判断による創意工夫を凝らした特色ある学校づくりの実現のため」、「人事や予算、教育課程の編成に関する学校の裁量権限を拡大するなどの改革」がめざされた。答申の第3章において、「1 教育委員会と学校の関係の見直しと学校裁量権限の拡大」、「2 校長・教頭への適材の確保と教職員の資質向上」、「3 学校運営組織の見直し」等、五点における改善を求めた。そのうちの一点目と二点目について概観しておこう。

一点目に関しては、次のような点が具体的に示された。第一に、教育委員会の関与を整理縮小し、学校の裁量権限を拡大する観点から、学校管理規則の在り方を幅広く見直すこと、第二に、校長が自らの教育理念や教育方針に基づいて教育活動を展開することを推進するため、人事異動基準やその運用を見直すこと等である。また、二点目については、第一に、幅広い人材確保のために任用資格と選考の在り方を見直すこと、第二に、校長自らの教育理念に基づく教育活動を促進するために、在職期間長期化や若手教職員の中からの積極的な任用に取り組むことなどを求めている。学校に自主性・自律性を持たせることを前提に、学校管理職任用のあり方を変える必要性が述べられている。具体的に示された方向性は、「若手教職員や学校外の人材を積極的に任用するため、年功序列にとらわれない新たな評価方法や任用方法を研究開発し、人事の在り方を見直すこと」やリーダーシップを発揮しやすいように短期間での異動を避けることなどである。また、「校長、教頭の学校運営に関する資質能力を養成する観点から、たとえば、企業経営や組織体における経営者に求められる専門知識や教養を身につけるとともに、学校事務を含め総合的なマネジメント能力を高めることができるよう、研修の内容・方法を見直すこと」等が書き込まれた。

こうして企業の経営者に求められる専門知識や教養を身につけた学校管理職像が新たに示され、その育成のためにマネジメント能力を高めるための研修の必要性が明記された。そして、「若手」や「学校外」の者も管理職として任用するために、年功序列にとらわれない新たな評価方法や任用方法を開発するよう求めている。この後、「女性」に関する記載は一切ないままに、管理職任用にかかる評価や任用方法の刷新が検討されていくことになる。

この中教審答申で示された多くの方向性は、二〇〇六年に「改正」された教育基本法および、それを受けて翌年「改正」された教育三法（学校教育法、教員免許法、地方教育行政法）で規定されることとなった。二〇〇七年には副校長等が新設、二〇〇八年には教職大学院が開設、二〇〇九年からは教員免許更新制が導入されている。

以上のような経緯において大きな特徴が見られるのは、新たな職制の設置や校長をトップとする組織原理への組み替えであろう。すでに二〇〇〇年には職員会議が校長の補助機関として位置づけられていたこともあり、学校組織の官僚制化が進んでいたが、それを強固にする施策が次々と講じられたのである。二〇〇七年の学校教育法改正によって新設された副校長は「校長を助け、命を受けて校務をつかさどること」が職務とされ、同じく新設された主幹教諭の職務は「校長、副校長及び教頭を助け、命を受けて校務の一部を整理し、並びに児童の教育等をつかさどること」と規定された。こうした職務内容を明確化した中間管理職的職位が置かれることは、学校組織が指揮命令系統で貫かれた「ライン組織」に再編されることを意味する（藤田 2007）。しかも、そこに民間企業で用いられる「目標管理」という成果主義的な人事考課を新たに導入しようとしている。新しい教員評価制度は、内閣総理大臣の私的諮問機関として二〇〇〇年に設置された教育改革国民会議の提案や、二〇〇一年に閣議決定された公務員制度改革大綱などに基づき、二〇〇二年の中教審答申（『今後の教員免許制度の在り方について』）を経て、文部科学省が各都道府県教育委員会等に対し、二〇〇六年度には本格的に導入するよう指導してきた（妹尾 2010）ものである。官僚制化した組織に目標管理型の評価が導入されれば、個々の教員に対する管理や統制を強化することになりかねない。

②管理職像の転換

ここまで見たようなライン組織への組み替えは、校長のあり方を大きく変える。同僚性に根差した教員文化によって相互作用的な情報共有や課題の解決方法が編み出されてきた従来の学校では、校長もまた教員の先輩であり仲間でありえた。しかし、組織改革後の校長は、教職員に命令したり評価したりする「アチラ」の存在と化していく。

しかも、校長の裁量権が大きくなったとは考えにくい。上述した改革は、二〇〇六年教育基本法に基づいて文部科学省が策定する「教育振興基本計画」を参酌して各自治体が基本計画を策定することによって進められることになっている。振興計画は、地域の事情に応じて策定されると記載されているものの、政府—文科省—都道府県教育委員会—学校というトップダウン構造の中では、トップの意向に沿わない教育目標や理念を掲げたりすることは難しかろう。また、文科省が進める各種事業に積極的に手を挙げないと予算獲得や教員加配が厳しい現状では、それらの意からそれる教育活動は行いづらい。したがって、校長の裁量権といってもトップが定める範囲内に限られたものにならざるをえない。

(2) 管理職登用と育成の「見える化」

こうして新たな学校組織における管理職像が示されたのに続いて、管理職に求められる資質能力の明確化や、それに沿った管理職養成のあり方が議論されるようになった。

①管理職育成システムの構築過程

「学び続ける教員像」を打ち出した二〇一二年の中教審答申（『教職生活の全体を通じた教員の資質能力の総合的な向上方策について』）では、「組織のトップリーダー」たる管理職の資質能力向上のため、「「専門免許状（仮称）」を想定しつつ、管理職としての職能開発のシステム化」を推進することが明記され、当面の改善方策として「教職大学院、国や都道府県の教員研修センター等の連携・協働による管理職、教育行政職員の育成システムの構築を推進」し、主幹教諭等の管理職候補者も対象とした研修を重視することが掲げられた。そして、それらの管理職育成プログラムの成果を管理職選考の評価に取り入れる等の改善を求めている。このように、免許状の創出や研修の要件化といった見えやすい具体案とともに、新たな管理職像に向けたシステマティックな育成方法とそれを踏まえた管理職選考の方向性が示されたのである。

そして二〇一五年一二月の中教審答申『これからの学校教育を担う教員の資質能力の向上について～学び合い、高め合う教員育成コミュニティの構築に向けて～』においては、「学び続ける教員を支えるキャリアシステムの構築」のため、「教員のキャリアステージに応じて身に付けることが求められる能力を明確化する教員育成指標」を「全国的に整備」すること、教職大学院に管理職コースを設置したり、教育委員会と連携して管理職に向けた職能開発を行う研修等を行ったりすることを求める具体的提言がなされた。

②教員育成指標

「教員育成指標」については、二〇一五年六月に行われた産業競争力会議課題別会合（第七回）において、文部科学大臣が提出した「日本創生のための教育改革」という資料の最後に「教員改革の今後の議論の方向性」として示された。そこには、「教員のキャリアステージに応じた能力の到達目標の明確化」と「到達目標に応じた養成と研修の見直し・充実」を掲げ、これらを推進するために、「キャリアステージに応じた育成指標の策定」や「教育委員会・大学の連携・協力の仕組みの構築」、「独立行政法人教員研修センターの機能強化」「教職大学院の機能強化」などの必要性が述べられている。この後の審議会等では、教員のキャリア形成をステージに分け、ステージごとの目標が設定され、そこに到達するための研修等を組み込んだキャリアパタンを典型とする「教員育成指標」の具体例がたびたび示されるようになっている。教員の育成にも目標管理手法を用い、教員採用時からそのキャリアを規格化しようとしているのである。

この答申においては、こうしたスタンダードを示すのは、あくまでも教員や教育委員会等を支援するためのもので、国の価値観の押しつけや各地域の自主性や自律性を阻害するものとなってはならないと記載されているが、一般にスタンダードやモデルを示すことはその他のあり方を見えなくする傾向があるため、教員の多様なキャリア形成の可能性が狭まることが懸念される。

さらに問題なのは、審議会等の会議資料に示された教員育成指標の具体例には、ワーク・ライフ・バランスを視野に入れたものは一つもないことだ。こうした育成指標の作り方では、自身の将来を見通した場合に仕事と家庭をどう両立させるかが重大な課題となる若手教員にとって魅力的ではない。実際に具体例を見た教員志望の女子学生が「お呼びじゃないって感じですね、わたし」と感想を漏らしたが、教職にも子育て等にも積極的にかかわれることを示す設計になっていないのである。これでは、多くの女性教員や教員志望の女子学生が排除されかねない。

奇妙なことに、多くの女性が排除されかねない育成指標を示しておきながら、同じ答申に「教頭・校長等への昇任のための各種研修等に女性枠を設定する」ことや「性別役割分担意識にとらわれない多様な選択を踏まえた教育指導が行える」教員の指導力を向上させることが、「男女共同参画の観点」として盛り込まれている。これまでの中教審答申に女性教員や男女共同参画に関する記載がほとんど見られなかったことを踏まえれば、これらの文言が入ったことは教育政策の大転換と見ることができる。しかし、これで育成できる女性管理職は、ワーク・ライフ・バランスに苦慮する必要がない恵まれた環境の女性教員か、あるいはワーク・ライフ・バランスの維持のために躍起になって努力する女性教員かのどちらかである。つまり、恵まれた女性の活躍に効果があるかもしれないが、本質的なジェンダー政策になっているとは考え難い。とりわけ、「女性枠」の設定については現実の文脈に即して吟味される必要がある。

以上のような問題がありつつも、教員育成指標の作成を盛り込んだ「教育公務員特例法等の一部を改正する法律」は、二〇一六年一一月に制定、公布された。二〇一七年二～三月には、同法を受けて「独立行政法人教員研修センター」から名称変更した「独立行政法人教職員支援機構」が「教員育成指標の策定等に関するアンケート」を実施し、四月には結果を公表するに至る。こうしたアンケートが繰り返して行われ、その度に都道府県ごとの取り組み状況がインターネット上で公表されるとなれば、各教育委員会がどれほど独自性のある教員育成指標を作成できるのか疑念が残る。

③スタンダード

これら一連の改革によって、学校組織や管理職のあり方は転換を迫られ、それに向けた管理職育成のあり方も変容しつつある。マネジメントに長けた学校管理職という新しい管理職像への転換は、管理職登用（選考）のあり方だけでなく、その育成プロセスをも制度化する方向で進んでおり、たとえばミドルリーダーとしての役割や目標を明示してその達成を評価するような育成方式が採られようとしている。キャリアに応じたマイルストーンが示され、それをこなせば〈よい管理職〉になれるといった標準的なロードマップが教員たちに提示されることになっているのである。

教員のキャリア形成のスタンダードが設定され、各ステップで達成すべき課題が明確にされ、それらが広く公表されて可視化されることは、特定の人脈や情報を持たない教員や教員志望者であってもその将来を見通せるようになる点で、透明性が確保された公平で公正な仕組みになったように見える。だが、だれがスタンダードなキャリアラダー（キャリアの階段）を登れるのかという選抜メカニズムが不可視化されていることに留意せねばならない。能力や意欲が高く管理職になる可能性があってもスタンダードに合わせられないことで、「お呼びじゃない」と自己選別したり、管理職に向けたキャリア形成から早期離脱したりするようなことが起こりうる。将来的にはともかく、日本の現状を踏まえれば、こうした選択を迫られるのは女性教員に多いだろう。しかも、結果的に管理職をめざさないという彼女らの選択は、自己責任と解釈されることになる。スタンダードは男女共通に示されているという認識が、そうした解釈を成立させるからだ。

このように、スタンダードの作られ方にワーク・ライフ・バランスの視点がないという問題が議論されないままに教員育成指標が定着すれば、教員の多様なキャリア形成が許容されにくくなる。しかも、指標化した教員育成が、個々の教員に対する評価を伴いながら進行するとなれば、教員たちが自らのキャリア形成に関して悩んだり熟考したりする機会を奪う。こうした機会は教師の成長にとって重要であるが、スタンダード化においては外部から与えられた指標をこなすことを優先せざるをえなくなる。こうした改革の進行は、意欲や能力が高いにもかかわらずスタンダードに乗れないことで管理職に向けたキャリア形成が困難な教員を生み出すだけでなく、教職の自律性や自主性を低下させ、教職の魅力自体を引き下げ、教育界にとっても損失になりかねない。

④「見える化」が見せないもの

子どもに寄り添い同僚性に支えられた教師たちがゆるやかに連結して教えるという仕事を成り立たせていた学校は、今、その原理が根底から覆されようとしている。

その改革は、「グローバル化や情報化、少子高齢化など社会の急激な変化に伴い、高度化・複雑化する諸課題への対応が必要となっており、学校教育において、求められる人材育成像の変化」（中教審答申 2012『教職生活の全体を通じた教員の資質能力の総合的な向上方策について』）への対応という必要性に拠るとされる。教員に、未来社会に対応する教育ができることを求めること自体は不思議なことではない。だが、未来社会は多様に構想されうる。また、仮にここで示された方向に社会が向かったとしても、教育のあり方は多様でありうる。そして、その教育に携わる教員も多様な存在である。こうした点で、未来社会を方向づける改革案は幾何かの偏狭さが併存する。昨今の教育改革は、利害関係者とみなされる当事者に発言を許さないために、学校や教員の実態の詳細を見ない上に、いじめや教員不祥事のようにメディアが煽りやすい教育問題が一人歩きして、学校教育批判言説を仕立て上げる傾向があるため、改革すべき問題が学校教育に内在していなくても、教育改革が生じる（広田 2009）。教育改革はこうして進行してしまうのだが、こうした方向性が「見える化」というツールで進められることで見えなくなるものがある。

一つ目は、教員のキャリア形成の方向性は可視化されるが、改革自体の必要性が見えないままだ。想定されたとおりの未来が訪れるとは限らない点で、あらゆる未来志向の改革には政策立案側の意思が入り込む余地が大きい。改革の必要性は未来社会に照らして述べられているが、現状や過去の実態（ここでは管理職）のことは何ら示されない。従来の学校組織や管理職のどこがどのように問題だったのか、という議論はなされていないし、問題の所在が示されても印象論のようなものとなっている。天童（2016）は、必ずしも実態とはいえない「しつけ機能の不全」を前提として、育児政策が家庭の教育力に踏み込むプロセスと背景を分析しているが、教員のキャリア形成をめぐる政策においても、同様のことが起こっている。管理職のあり方に問題があるから改革するというレトリックを前に、本当に問題があったのかどうかが見えなくなっている。

二つ目は、管理職へのキャリアの「見える化」によって、管理職に向けた他のキャリア形成のあり方が見えなくなる。仮に従来の管理職のあり方が未来社会にそぐわず、何らかの改革が避けられないとしても、マネジメント重視の管理職像が唯一正しい管理職のあり方なのかを検討する機会を喪失したままになっている。また、新たな管理職像に向けたキャリア形成を標準化して見せることで、その途中でありうる他のキャリア形成が見えなくなってしまう。

このように、実は「見える化」は、教育改革の必要性やこれまでの学校管理職のあり方の問題性を見せないようにして進んでいるのである。そして、学校管理職に占める女性割合を引き上げる女性活躍推進政策は、こうした教育改革と軌を一にしている。まずは、ジェンダーの視点から見て従来の管理職登用にはどのような問題があったのか、新しい管理像やその育成システムはジェンダー公正といえるのかが検討されねばならず、その上で現在進行中の教育改革によって女性管理職が増えるのかが検討される必要がある。本書はこれらに挑む。

(3)「見える化」の帰結

ところで、学校に裁量や権限を持たせて自律性を高める学校改革は海外でも進められてきた。それらは、学校管理職の専門職化を求め、その養成のあり方を標準化し、管理職の職能開発や研修のための機関が設置されることによって推進されてきた。各国の状況は日本教育経営学会などが紹介しているが[11]、上述した日本の教育改革の方向性と手法は、これらの後追いのように見える。後発にメリットがあるとしたら、こうした諸外国の改革の成否をあらかじめ知ることができる点にある。北米や英国でどんな顚末になったのか、簡単に見ておこう。

たとえば、スタンダードとアカウンタビリティに基づく改革が進められてきたアメリカの公教育に詳しい鈴木は、生徒の学力テストの点数が担当教員や校長、学校評価にまで影響し、教えるという行為がテスト対策のための科目のみ教えるよう「スリム化」している実態を

「Teaching by Numbers」という米国の教育学者（ピーター・タウブマン）の著書とともに紹介している（鈴木大裕 2016）。

また、A・ハーグリーブス（Hargreaves 2003 = 2015）は、カナダにおける標準化を迫る教育改革によって、教師たちのつながりやコミュニケーションが断ち切られ、ケアリングが衰退し、リーダーシップが硬直化する等により、専門職の学び合うコミュニティとしての学校が、崩壊してゆく様子を分析している。

勝野（2007）は、目標設定と成果測定の機構による教育改革が先行していたイギリスについて、その教育政策が教育制度を細部にわたって把握する経営管理的なものであり、若い世代に「訓練された無能力」を生み出したと述べる。

末松（2011）は、イギリスの学校経営改革の原理が、過度に管理の発想を持ち込む「マネジリアリズム（managerialism）」で貫かれていると指摘している。学校自律化政策もまた「マネジリアリズム」を改革原理とするものであるが、学校の自律性は中央政府が規定する政策の枠内に限られた自由でしかなく、莫大な費用をかけた割には教授・学習への効果が小さく、改革に気づく市民も少ない一方、教職員に対する負の影響が大きく、校長や教員が教育課題にかける時間が削減したという。マネジリアリズムの想定では、効率性や業績、統制等に私企業の生産管理手法を用いることによって組織の生産性が改善するはずだったが、実際には逆の結果を招いたと理解できる。

このように類似する教育改革が進められた国々で、教師の教職アイデンティティを不安定にし、やりがいを喪失させ、その割に教育効果が見られないという帰結がもたらされたことがわかる。これらがわれわれに教えるところは、「見える化」によって進められようとしている日本の教育改革は、教員のあり方や学校教育のあり方をよくするものではないかもしれない、ということであろう。もちろん、改革の方向性のすべてが負の効果をもたらすわけではないにしても、学校教育がよくならず、教師のやりがいが縮小する中で、いったいだれが管理職をめざすのか、という疑問が生じてくる。

これまでのジェンダー政策における教育の扱いが軽んぜられていることは先に見たとおりだが、大胆な教育改革が掲げられ実施される過程においてもジェンダー視点はほとんど見られない。女性の管理職を増やすことが目標とされ、管理職に向けた研修に「女性枠」を設定するという具体策はどちらの政策にも書き込まれた。これまでの教育政策がジェンダー問題を不問にしたまま制度設計されてきてことを振り返れば、大転換である。これらが明示された二〇一五年を「女性校長推進元年」と言ってもよいくらい画期的だ。

しかし、同様の教育改革を経験した国々の研究から知ることができるのは、この改革が「従順な」管理職を期待しているということである。スタンダードをこなすことばかりに傾注して子どもを見ず、教員同士が競い合う殺伐とした学校像である。こうした学校改革が行われる文脈で女性枠を設定することは、既存システムに女性を組み込むだけになる可能性が高い。そう考えれば、大転換でも何でもない。いま考えるべきことは、教育改革、とりわけ、官主導で進められている「管理職育成システム」[12]改革に潜むジェンダー・バイアスの問題である。

3 本書の位置づけ

教員のキャリア形成を考えるにあたって、本書のスタンスを示しておく必要があろう。本書は、教員のキャリア形成のあり方について、唯一正しいキャリア形成の方法やプロセスがあると主張するものではない。また、校長に到達することこそが望ましいキャリアのあり方だと捉えているわけではない。さらに、女性管理職を増やせと、無邪気な主張を展開するわけでもない。

こうしたスタンスは、これまで述べてきた女性校長が増えないことを問題視する視点と矛盾していると思われるかもしれない。しかし、女性管理職が少ない現状の背景に、教員のキャリア形成の標準化問題があるとしたら矛盾しない。新たな管理職育成政策が指標化志向のままに進行すれば、その指標に適合的なキャリア形成が可能な女性だけが管理職になりうることを意味する。この点で、一定程度の女性教員が管理職として活躍するようになるだろう。問題は、その女性はだれか、という点にあり、それは管理職養成システムの改革前とどのように違うのか、という点である。

本書は、旧システムにおける管理職登用のメカニズムを解明するとともに、新システムの限界を明らかにすることで、女性校長が増えない背景を探る。なお、日本の状況を分析する前に、昨今の世界の女性校長やリーダーシップの現状にを把握しておく（第一章）。

(1)「一任システム」から新しい管理職育成へ

これまで述べてきたように、女性管理職を増やすという政策目標が掲げられたが、それは教員のキャリア形成や管理職育成の「見える化」とともに進められている。女性校長が増えるか否かの議論は、進行中の教育改革の中に女性管理職増加策を位置づけて行われることが重要である。そのためには、第一に、ブラックボックス化しているとされる従来の管理職登用がどのようなものであったかをジェンダー視点で紐解く必要がある。第二に、明瞭で公平公正と思われる新たな管理職育成システムによって女性管理職が増えるのか、検討する必要がある。

以上の点について、本書は、インタビュー調査に基づいて分析を行っていく。そして、第一の点に関しては、従来の管理職登用には、「一任システム」という教員たちの文化様式があり、「一任」の連鎖で管理職へのキャリアが形成されることを見出した。校長となった男女教員の異動や研修機会や試験の受験は、教員本人の強い希望の表明というよりは、異動希望票や上司等に対して「一任」するという半ば消極的にも見える態度を示すことで行われていた。従来のシステムは、選考基準やプロセスに不明瞭な点が多く、先行研究が指摘してきたように、ゲートキーパーとしての校長の意向や価値が入り込む余地がある。しかし、男性校長だから女性教員を管理職候補者として引き上げないというケースばかりではなかった。女性教員にも能力発揮の機会を与えたり、能力があると思えばそれを正当に評価して次の機会を与えたりするといった処遇がなされていた。見定め側である校長個人の意向や価値が入り込む隙間があるからこそ、一任システムには女性教員を管理職としてすくい上げる機能を持ちえた。

ただ、一任システムにも問題がないわけではない。最も大きな問題は、見定め側が管理職候補者として女性教員を推そうとしても、育児や介護などとの両立が困難な場合には、そのシステムには乗れないという点である。一任システムへの参加は、そこへのアクセス可能な資源の多寡に左右される面があり、乗り切るための資源を限定的にしか持ちえていなければ、実現しない。その点で、女性教員に家庭生活との調整を強いる面がある。以上は、第二章と第三章で論じられる。

第二の点に関しては、一任システムと違って、明瞭で公正に見える新たな管理職育成システムの完璧さという欠陥を見出す。それは、管理職任用試験の受験資格や要件、評価基準や方法が明示化される方向で進んでおり、示されたマイルストーンをそつなくこなせば誰もが管理職をめざすことが可能である。こうしたあり方によって、管理職任用試験はだれにでも開かれたことになる。

しかし、あるステップで示された達成目標がこなせない場合、次のステップへの移行が難しい。しかも、それが厳密な教員評価に基づいて行われるとなれば、ステップごとの目標が達成できないことが教員個人のキャリア形成に与えるダメージは大きい。一元的に標準化された要素をこなせないことは、「遅れ」となるからだ。そしてまた、スタンダードに示されない能力を発揮しても、あるいは、標準とは異なる順序で力量を形成しても、評価に値しないという事態を生み出しかねない。このことが意味するのは、スタンダードがワーク・ライフ・バランスを想定せずに示された場合、多くの女性教員にとって管理職に向けたキャリア形成が難しくなることである。いま現在、各都道府県で教員育成指標というスタンダードが策定されつつある。第四章、第五章ではインタビューや統計を用いて、「見える化」を基軸とする新システムの限界を論じる。

(2) 高校というアリーナ

本書で分析対象とするのは、公立高校の校長である。高校は、小中学校と違って義務教育ではない。このことは高校教員のキャリア形成を小中学校教員のそれとは異なるものにしている。同時に、現在の教育改革が高校に与える影響は、小中学校に対するそれよりも大きい。こうした違いを、ここでは四つの面から捉えておきたい。第一に教員人事のあり方に関わる面、第二に教員の量的質的な面、第三に教員文化の特質、そして第四に女性教員の位置である。

まず、第一については、教員の異動や昇任などの人事にかかる実際面の違いである。公立学校の教員の任命権は学校種別にかかわらず都道府県にあるが、小中学校の場合は市町村の教育委員会や学区の教育事務所が一定の力を持つ（川上 2013）。高校や特別支援学校などの県立学校教員の人事にはそれらが介在しないため、県の方針が直接的に教員の育成や人事異動に影響する可能性がある一方、校長の推薦が直接的に人事に影響することが考えられる。

また、公立高校のほとんどが都道府県立であることにより、高校教員の人事異動は県内全域への異動が前提となる。小中学校教員の場合は教育事務所の管区を希望できることがあるが、高校の場合は入職時から広域異動があることに対する覚悟が要求され、また教職に就いた後も単身赴任を伴うような異動があることを念頭に置いていなければならない。

第二の側面は、①高校の学校数や教員採用数などの量的な面の違いと②それに伴う質的な面の違いがある。

①量的な違い——学校数、教員数、校長ポスト

高校の場合、高校進学率の上昇や大学進学競争の激化などの社会変化が、量的側面に与える影響が大きい。一九五〇年には三三八八校だった公立高校数は一九八三年には四〇〇〇校を超え、一九八七年の四一九一校をピークに減少し、二〇一六年は三五八九校となった。

学校数は、基本的に校長数と等しいので、一九八〇年代初頭までは校長ポストが増加したが、

その後は減少していることになる。そもそも高校は、小中学校と比べて学校数自体が少ないため、高校教員が校長になれる確率は低い。最近の状況を確認して見ると、小学校では全教員数の四・七％が校長、四・九％が副校長・教頭であるが、高校では教員の二・〇％が校長、三・二％が副校長・教頭である（文部科学省 2016『学校基本調査』より算出）。単純計算で小学校では教員の二〇人に一人、高校では五〇人に一人が校長ということになる。こうした数値は、小中学校教員と高校教員のキャリア意識の差を生み出すと考えられる。小学校では管理職になる可能性が高いので、それなりの年齢になれば管理職に向けたキャリア形成を考えるかもしれないが、高校の場合は管理職になれる割合が低いので、あらかじめめざさない教員もいると思われるのである。

学校数の増減は、教員数にも影響する。一九五〇年に約七万人だった公立高校教員は一九六四年にはその二倍となり、一九八四年に二〇万人を超えたが、少子化により一九九〇年の二二万三二二二人をピークに減少しはじめ、二〇一六年には一七万三〇〇〇人程度となっている。こうした変動は、教員の採用数や年齢構成にも影響するので、管理職相当年齢の教員が多い世代とそうでない世代のキャリア形成に差が生じる。

また、高校の生徒数は、義務教育と同様にベビーブームや少子化という母集団の増減による影響を受けるが、それに加えて高校進学率の影響も受ける。一九五〇年の高校進学率（通信制課程進学者を除く）は約四三％（男子四八％、女子三七％）で公立高校在籍者数は約一六三万人であったが、進学率が六割以上となった一九六〇年代の生徒数は一九五〇年の約二倍になった。高校進学率はその後も上昇し続け、一九六五年には七割を、一九七〇年には八割を、そして一九七四年には九割を超え、一九五〇年には男女間に一〇％程度の差が見られた進学率も、一九六〇年代終盤にはその差がなくなっている。こうした高校進学率の上昇は、質的な側面にもかかわる。

②質的な違い——教員の多様性・専門性

高校進学率の上昇に伴って生徒の質的多様化が進みつつあるところへ、大学進学率が上昇し、一九八〇年代には、学校間に大学進学実績に基づく階層構造が生じた。その底辺に位置づく学校では中退や問題行動に対応する必要性から、生徒指導が得意な教員の重要度が増したり、進学校化をめざす新設校などでは大学受験対策に長けた教員が求められたりするという具合である。とりわけ私立の割合が顕著に高い大都市圏では、中学から私立一貫校に入学する生徒も多くいたり、私立高校進学のために隣県に通学する生徒がいたりすることにより、公立高校といえども生徒の獲得競争に晒されている。そのため、各高校は、その特色づくりに煽られ、特色づくりに寄与する教員が必要とされる点で、当該ポストが競争状態になることもありうる。

また、高校教育は、その学科や課程にバリエーションがあることから、学校によって必修科目や選択科目、また同じ科目でもその学習内容のレベルが違っており、必要とされる教員の専門やその程度が異なる。たとえば、農業高校で園芸を担当する教員もいれば、理数科等でハイレベルな物理を担当する教員もいる。つまり、学科制・課程制である高校の教員は教科の専門性やその程度から見て多様性に富んでいたが、学校の階層構造化によってさらに多様な力量を持つ教員が必要となってきたのである。

第三の面は、高校の教員文化と小中学校のそれらとの違いに関することである。その背景には、取得する教員免許の種類や卒業した大学学部などの違いがある。特に小学校教員と比べると、高校の教員免許は教科に基づいており、その専門性に対する自負心が高い。また、小学校では戦前の師範学校の流れを組む国立大学教員養成系学部の出身者が六割近くいるのに対し、高校のそれは一〇%台であり、一般学部卒業者の方がはるかに多い（文部科学省 2016『学校基本調査』）。さらに、高校教員の一割強が大学院を修了していることが、専門性へのこだわりを一層強くすると考えられる（ただし三・七%は教員養成系の大学院）。そしてまた、前身を戦前の旧制中学に持つ伝統校では、地域社会の数々の名士を輩出しており、同窓会の発言権や財政支援も強く、当時からの学校文化や教員文化が継承されてもいる。それは地域の教養人として尊敬を集めていた名残であり、男性中心の文化を汲んだ文化である（河野 2011）。

第四の面は、女性教員の位置に関する面である。小中学校と比べて、そもそも教員に占める女性割合が低い。先に見たように、小学校では教員の約六五%、中学校では約四三%が女性教員であるが、高校のそれは三一%である。この三〇年間に倍増しているので、増加率だけを見れば小中学校よりはるかに高いが、教員構成という観点から見れば女性教員は依然として少数派である。このことは、管理職相当年齢の女性教員が少ないこと、関連して女性教員の多くが女性管理職の下で仕事をしたことがないこと等を意味するだけでなく、学校運営や教員文化が男性中心になっている可能性が考えられる。

以上、四つの側面から検討したが、昨今の高校は、先に見たような教育改革の動向を受け、それまでの前提や基盤が劇的に変化し、授業より学習、望ましい学習より生徒のニーズに対応することが重視されている（樋田 2011）。こうした動向を考え併せるならば、一つ目と二つ目の面については、高校が昨今の教育改革がより顕著にあらわれるアリーナであることを意味し、三つ目と四つ目の面については、小中学校以上に男性中心の文化である高校に、女性管理職を増やすという現在の政策目標がどのように立ちあらわれるかを見るのに適したアリーナであることを意味する。

（3）本書で用いる調査について

本書では、公立高校の女性校長のキャリア形成を明らかにするために一〇年近く実施してきた四つのインタビュー調査（女性校長、男性校長、教育行政、非管理職）を用いる。

はじめの調査は、女性校長（現職・退職）を対象とし、機縁法の他、インターネット上の学校紹介などのページを手がかりにして依頼し、全国一五都道府県（二四名）に出向いて実施した。これらのインタビューからいくつかの重要な知見を得たが、男性と対比させる必要がある内容もあったことから、男性校長に対するインタビューも実施した（一三都道府県一四名）。また、各都道府県の管理職像を示し、校長の登用プロセスに影響を与える教育委員会の人事担当者等に対するインタビュー調査を、一五都道府県で実施した。さらに、女性校長のキャリア形成を逆照射するために、管理職にならずに定年を迎えた女性教員（四名）にもインタビューを行った。

インタビューの実施方法を簡単に述べておく。先方が指定する場所にこちらが二人組で出向くことにした結果、現職校長の場合は勤務校の校長室、教育行政の場合は課内の応接スペースや会議室ということがほとんどであった。インタビューは、一時間半から二時間程度の半構造化インタビューによって実施した。円滑に進むよう、校長の場合には、事前に記載を依頼したキャリアシート等に基づいて聞き取りを行い、教育行政の場合は、事前に通知した内容に答えてもらう形をとった。インタビュー内容は、許可を得てICレコーダーに録音し、事後に音声を素起こしして反訳原稿を作成し、インタビューに協力いただいた方々に内容をご確認いただくとともに、県名や校名、個人名が特定されない形で研究発表に使用することへの許可を得た。

本書は、これらのインタビュー結果をトータルに捉えて女性校長が増えない背景を検討するが、第二章では男女校長、第三章では女性校長、第四章では行政の人事担当者、第五章では非管理職に、特に焦点化して論じていく。また、インタビューに関して必要な事項は各章で示される。

北から南まで、多くの皆様がご協力くださったことに心から感謝している。ただし、われわれの研究グループではもっと多数の学校長や都道府県担当者に調査協力を打診していたが、反故にされたりやんわりと断られたりすることが多く、触れられたくない何かがあるのではないかと疑わざるをえない対応もあった。そういう意味で、本書のインタビュー調査は協力が可能と判断した校長や教育行政担当者が対象となっている点でフィルターがかかっているかもしれないが、ここで明らかになる校長へのキャリア形成のありようが現実のものであることには違いない。当事者が疎外されたまま、学校管理職やその養成のあり方が急ピッチで改革されつつある今、現場の声に基づいて女性管理職のキャリア形成を明らかにする必要性には十分応えられると確信する。

なお、これらのインタビュー調査は、二〇〇八年に手弁当で始めたが、その後、カシオ科学技術振興財団助成金、科研費基盤B（23330235）、科研費基盤B（26285185）の助成を受けて実施した。

注

（1）内閣府大臣官房政府広報室「男女共同参画社会に関する世論調査」（平成二八年九月調査）http://survey.gov-online.go.jp/h28/h28-danjo/2-1.html（最終閲覧二〇一七年一一月二一日）

（2）小学校（二万三一三）、中学校（一万四〇四）、義務教育学校（二二）、高等学校（四九二五）、中等教育学校（五二）、特別支援学校（一一二五）の合計。
（3）内閣府男女共同参画局「女性の政策・方針決定過程への参画状況の推移（最新値）」http://www.gender.go.jp/research/kenkyu/sankakujokyo/saishin.html（最終閲覧二〇一七年二月二二日）
（4）グローバルノート http://www.globalnote.jp/post-3877.html（最終閲覧二〇一七年二月二二日）
（5）同案は国会や地方公共団体の選挙の候補者ができる限り同数となることをめざし、全党で一致していたが、第一九三回通常国会では審議日程が確保できず成立は見送られた。
（6）中教審答申（1998）においても、管理職選考は「教育や法令に関する知識等に偏った筆記試験より、人物・識見を重視する観点から改善を図る」（第三章三（1））とされている。
（7）文部科学省（2017）「教員勤務実態調査」http://www.mext.go.jp/b_menu/houdou/29/04/__icsFiles/afieldfile/2017/04/28/1385174_002.pdf（最終閲覧二〇一七年二月一二日）
（8）Gender mainstreaming とは「すべての政策領域のすべての政策過程にジェンダーに敏感な視点を組み込むこと」を意味し、「ジェンダーに関係がないと見なされがちな政策も対象に含め、また政策過程における立案、実施、モニター、評価などのあらゆる段階において、ジェンダーの視点から政策を考慮する」（下夷 2007）。
（9）二〇一三年、「我が国産業の競争力強化や国際展開に向けた成長戦略の具現化と推進について調査審議する」ため、日本経済再生本部下に設置された総理大臣を議長とする会議。http://www.kantei.go.jp/jp/singi/keizaisaisei/skkkaigi/konkyo.html（最終閲覧二〇一七年五月九日）
（10）たとえば、中央教育審議会・教員養成部会（第九二回）http://www.mext.go.jp/b_menu/

shingi/chukyo/chukyo3/002/siryo/__icsFiles/afieldfile/2016/03/25/1367367_07.pdf（最終閲覧二〇一七年五月九日）

（11）たとえば、日本教育経営学会実践推進委員会（2015）、鈴木久米男（2016）などを参照のこと。

（12）本書では、従来のシステムを含む管理職の養成・育成登用を指す場合に「管理職養成システム」と表現し、新たな「管理職育成システム」と区別している。

第一章　世界と日本の女性校長の現状とリーダーシップの特徴

村上郷子

本章では、ＯＥＣＤ（経済協力開発機構）による「国際教員指導環境調査（TALIS: Teaching and Learning International Survey)」（以下ＴＡＬＩＳ）の結果を手がかりに、ジェンダーの視点から世界の校長の現状やリーダーシップの特徴および類型を分析し、世界の女性校長の中における日本の女性校長の現状と特徴を探る。

1　女性校長と「ガラスの天井」

第一回ＴＡＬＩＳ（二〇〇八年）は、ＴＡＬＩＳ参加国・地域（以下、「参加国」と略記）の教員の約七〇%が女性であるにもかかわらず、女性の校長は半分以下という結果から、「女性教員がぶつかる見えない昇進の壁としての「ガラスの天井」というべきものが大半の参加国に存在しているかもしれない」(OECD 2009: 26)と報告した。「ガラスの天井」は第二回TALIS(二〇一三年)でも確認された。中でも日本の状況は厳しく、日本の女性教員は、前期中等教育(中学)で三九%であるが、女性校長は六%であった。女性がマイノリティの日本と世界の校長の現状とはいかなるものか。また、日本と世界の校長のリーダーシップにはどのような特徴があるのだろうか。

この問いに答えるため、本章では、第二回TALISの調査結果から世界の校長の現状およびリーダーシップの特徴や類型をジェンダーの視点から分析し、日本の女性校長の置かれた現状や課題を明らかにする。TALISの調査概要は次のとおりである。

・調査対象:前期中等教育の校長と教員。日本の参加状況は、校長一九二名、教員三五二一名

・調査時期:二〇一二年九月〜一二月(南半球)、二〇一三年二月〜六月(北半球)、他四ヵ国・地域二〇一四年

・参加国:OECD加盟国等三八ヵ国・地域

本章での分析対象は、日本の校長のデータが入手でき、参加国も三八ヵ国とより信頼性の高い調査結果が期待できる前期中等教育レベル（日本の中学校）とする。一般に、義務教育である前期中等教育レベルと本書の分析対象である後期中等教育レベル（日本の高校）を比べると、日本の場合、前者の方が地域や学校間の格差が少ない可能性があるためデータの解釈には留意する必要がある。

2　女性校長の現状

(1)　世界の女性校長の現状

多くの国・地域で初等・中等教育レベルの女性教員の比率が五〇％以上であるにもかかわらず、管理職の女性比率は下がる傾向がある。序章で垂直方向のジェンダー・セグリゲーションを見たが、ここでは他国との比較を通して、日本の校長、とりわけ女性校長の特徴を概観する。

中等教育レベルの女性校長比率は、TALIS平均で、前期中等教育四九％（日本六％）、後期中等教育四六％であり、女性教員のTALIS平均（前期六八％・後期五七％）との間に差が見られる。女性教員と女性校長との比率のギャップは初等教育レベルと比べるとやや緩やかではあるが、中等教育レベルでも男性教員が校長職に昇進するケースが一〇～二〇％近く多いことがわかる。なお、女性校長比率がTALIS平均よりも二〇％以上高い国は，ロシア（七八％）、ラトビア（七七％）、ブラジル（七五％）、ブルガリア（七二％）であり、逆に、日本や韓国（一三％）などの女性校長比率は低い（図1－1）。また、後期中等教育における女性校長比率が一番高い国はシンガポール（五四％）、低い国はオーストラリア（四〇％）であった（OECD 2014a: 305, Table 3.8）。

次に、女性教員の割合に比べて三〇％以上女性校長が少ない国を抽出してみよう。前期中等教育においては、韓国（女性教員六八％に対し女性校長は一三％：以下この順に表記）が突出しており、約三分の一に満たない男性教員の実に八割以上が校長になっている。これに類似した傾向を持つ国は、ポルトガル（七三％・三九％）、日本（三九％・六％）、フィンランド（七二％・四一％）であった。反対に、女性教員と女性校長の割合の差が一〇％以内に収まっている国は、ノルウェー（六一％・五八％）、ルーマニア（六九％・六四％）、ポーランド（七五％・六七％）、チリ（六三％・五三％）であった。

さらに、校長の年齢を見ると、TALIS平均の五二歳に対し、日本は五七歳であり、韓国（五九歳）に次いで高く、また、四〇代の占める比率も韓国（〇％）に次いで極端に低い一方、八割が五〇代で占められている。TALIS全体の半数近くの校長が五〇代で占められ、四〇代、六〇代と続いているが、二〇代から三〇代の校長が三〇％以上を占める国もあれば、六〇代以上が半数近くを占める国もある（OECD 2014a: 305, Table 3.8）

平均的な校長のキャリアパスは、校長に就任する前に平均三年（日本二年弱）教員以外の職

図1-1　前期中等教育レベルの女性校長

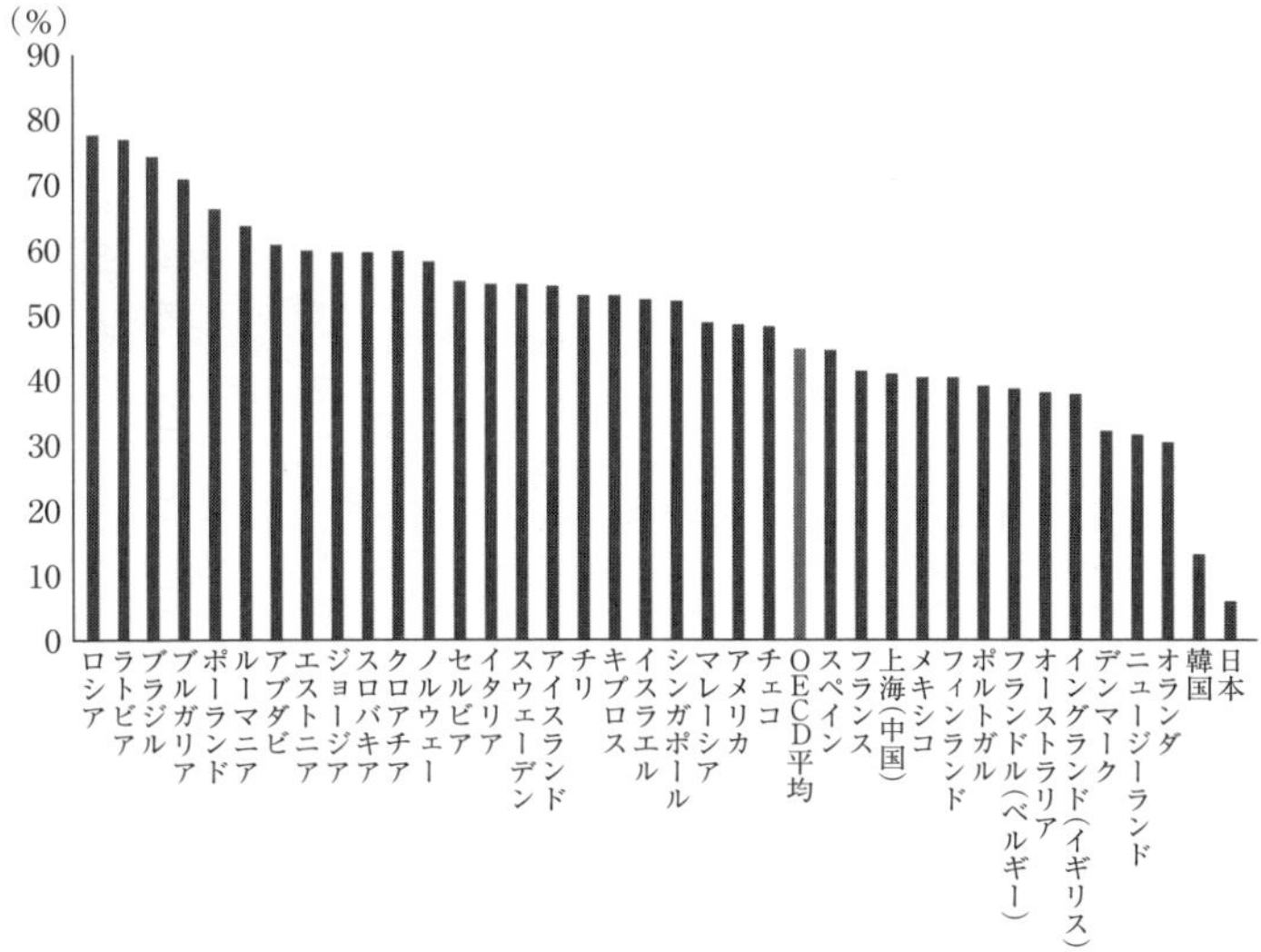

出典：OECD 2014a: 305, Table 3.8

に就き、平均二一年（日本三〇年）の教員経験を持ち、六年（日本約五年）他校で管理職の経験を積み、校長になる。校長の平均経験年数は九年（日本四・五年）であった。TALIS参加国の校長の教員経験年数は多様であり、日本や韓国の校長のように平均で三〇年近い教育経験を持つ国からアブダビやアメリカ、スウェーデンのように教育経験年数が平均で一二〜一四年の国・地域もある。また、日本の多くの校長の経験年数は一〇年以下であるが、キプロスや韓国では校長経験年数三年未満が四割以上を占める一方、エストニアやイタリアでは校長の経験年数二〇年以上が二割以上を占めている

（OECD 2014a: Table 3.12, Table 3.12b）。参加国の校長の約三分の二が授業を担当せず、校長職に専念できる環境下にある。こうした前期中等教育レベルの校長像は、後期中等教育レベルでも大きくは変わらない（OECD 2014a: 317, Table3.13）。

（2）世界の女性校長の現状から何がわかるか

ここまで見たＴＡＬＩＳ調査結果をジェンダーの視点から分析していくと、次の三点の特徴があげられる。

第一に、中等教育も初等教育と同様に、男性教員は女性教員よりも校長職に昇進するケースが多い傾向が見られた。中でも、日本は男性教員の方が女性教員よりも校長に昇進しやすい国の典型国の一つである。文部科学省『学校基本調査』によれば、二〇一六年度一二月時点の国立・公立・私立を含めた初等教育の女性教員（本務者）は六二％に対し女性校長は一九％であり、前期中等教育レベルでは女性教員四三％に対し女性校長は七％、後期中等教育の女性教員三二％に対し女性校長は八％であった。

第二に、校種が上がれば女性校長比率も低くなるという世界的傾向があるにもかかわらず、中等教育レベルの女性校長比率が初等教育レベルよりも高い国もあった。北欧の国の女性校長比率は、全教育レベルで三〇～六〇％の間で推移しており、他の国・地域と比べると、教育レベルによる女性校長比率の差が小さい。たとえば、デンマークの女性校長比率は、初等教育で三七％、前期中等教育で三二％、後期中等教育で四六％であった。フィンランドでは、初等・中等教育の女性校長の比率が四〇～四七％の間、ノルウェーでは四九～六〇％の間で推移している。

第三に、前期中等教育レベルの女性校長比率はTALIS平均で四九％であり、女性教員平均の六八％と比べると約二〇％の差がある。日本や韓国、ポルトガルのように教員と校長とでは男女の比率の差が非常に大きい国と、ノルウェー、ルーマニア、ポーランドのように小さい国とに分かれた。ちなみに前期中等教育で女性教員の割合が五割に満たないのは日本（三九％）だけであり、日本は女性教員と女性校長の比率の差が最も大きい国の一つでもあった。

その他の一般的特徴としては、校長の平均年齢がTALIS平均で五二歳であるが、日本の校長の平均年齢は五七歳と高く、女性だけではなく若手も校長になりにくい実態がある。また、校長の教員経験年数はTALIS平均で二一年であるが、日本や韓国では、校長になるために平均三〇年近くの教育経験を必要とする現状がある。

このように、日本を含めた世界的な傾向として、初等・中等教育を通じて女性教員が多いにもかかわらず教育段階が上がるにつれ女性校長が減少する。その一方で、女性教員と女性校長比率のジェンダーのギャップが大きい国・地域と小さい国・地域に分かれる。なぜなのか。次節では、OECDによる指導的リーダーシップと分散型のリーダーシップの分析を手がかりに、この問いへの糸口を探る。

3　指導的リーダーシップ(1)と分散型リーダーシップおよび満足度

世界の初等・中等教育レベルの校長は、学校経営だけではなく、生徒や教師たちの学びの環境整備、学校内外における保護者や地域社会との連携など多様なリーダーシップが求められている。その背景には、学校の自由裁量権や生徒の学業成績に対するアカウンタビリティ（説明責任）、人的・財政的リソースの戦略的な管理・分配などの責任が増大し、校長の仕事量が増えているという実態がある。学校教育に求められている効率と公正の問題や個別の学校が達成すべき課題に対し、「よい」スクールリーダーシップとはいかなるものかを見出そうとしている（OECD 2009, 2014a, 2016a）。そのため、ＯＥＣＤは、リーダーシップの類型を定める枠組みとして、指導的リーダーシップと分散型リーダーシップを提示した。まずは指導的リーダーシップを見ていこう。

(1)　指導的リーダーシップ

指導的リーダーシップとは、「教育と学習計画、評価、協調、そして改善を含むリーダーシップ行動の総体」（Robinson 2010: 2）である。教育課程と指導に力点をあてた研修プログラム開発、生徒の成績活用、授業観察に基づくフィードバックやメンタリングの配置などに加え、校長のファシリテーターとしての役割（OECD 2016a: 47）、すなわち組織的なマネジメントの力量も求められる（Horng and Loeb 2010: 66–67）。

校長の指導的リーダーシップ行動を図る項目は、「新たな教育実践を開発するために教員間の連携を支援する取組を行った」（ＴＡＬＩＳ六四％・日本三四％：以下同）、「教員が教育力の向上に責任を持つよう必要な取組を行った」（七〇％・三九％）、「教員が生徒たちの学習成果について責任を感じるよう必要な取組を行った」（七七％・三三％）の三点である（OECD 2016a: 61, Table3.1）。日本について特筆すべきは、上記三項目のすべてが、ＴＡＬＩＳ参加国の中で一番低かった（OECD 2014a: 296; OECD 2016a: 61, Table 3.1）が、授業観察はＴＡＬＩＳ平均よりも高かった（四九％・日本六七％）。また、授業観察をよく行う校長は、指導的リーダーシップを発揮する傾向が強い（OECD 2014a: 320 Table3.16; OECD 2016b: Table D6.3）。

以上をジェンダーの視点で見ると、女性校長の方が男性校長よりも指導的リーダーシップを有意に発揮する傾向があった。女性校長の指導的リーダーシップスコアのＴＡＬＩＳ平均は一一・二五であり、男性校長（平均一〇・九八）より高い。日本は男女ともに指導的リーダーシップスコアがＴＡＬＩＳ平均よりも低く、男性校長のスコアは参加国中で一番低い。その一方で、日本の女性校長は男性校長より指導的リーダーシップを発揮する傾向がノルウェーに次いで高い。同様の傾向は、オーストラリア、イタリア、ポーランドなどでも見られた（2016a: Table3.3）。

なお、ＯＥＣＤ（2016a: 63-64）では、女性校長が多数の参加国と男性校長が多数の参加国による指導的リーダーシップの関係性を分析したが、女性校長の相対的比率と指導的リーダーシップ行動の発揮に有意な関係性はないと結論づけている。つまり、女性校長が多数であれば、指導的リーダーシップが発揮されやすいとまではいえない。

（2）分散型リーダーシップ

分散型リーダーシップとは、「意思決定のプロセスにいろいろな関係者（ステークホルダー）を組み入れる学校の能力」（OECD 2016c: 1）である。校長自身のリーダーシップだけではなく、学校内の教職員（たとえば副校長、教頭、教員、事務職員など）、保護者や生徒たちによる学校の意思決定への参加も包括している（OECD 2016a: 69）。

分散型リーダーシップ行動の項目では、「学校の意思決定に積極的に参加するための機会」を学校が「教職員」「親や保護者」「生徒」の三者に「提供している」程度をたずねている。ほぼすべての参加国の校長は、教職員による学校の意思決定への参加については（強く）同意している（OECD 2016a: Table 3.2）が、親や保護者による参画については参加国の教育制度や学校の状況によって意見が大きく分かれた。日本では分散型リーダーシップをとる校長の比率はＴＡＬＩＳ参加国の中で男女ともに一番低かった（OECD 2016a: Table 3.3）。

分散型リーダーシップの発揮と校長の性別については、参加国全体でも日本でも有意な違いはなかった（OECD 2016a: Table3.3）。日本は男女ともに参加国の中で分散型リーダーシップのスコアが最も低かったが、参加国平均の傾向とは異なり、男性校長の方が女性校長よりも分散型リーダーシップをとる傾向が見られた（女性校長九・七四、男性校長九・九五）。

日本では、分散型リーダーシップの発揮と校長の経験年数との関係性が見られなかったが、教員経験年数が長い校長ほど有意に分散型リーダーシップを発揮する傾向が見られた（OECD 2014a: Table3.5）。ただし、日本の場合は、校長の教員経験年数自体が約三〇年と参加国の中で最も長いという事実にも留意する必要があろう。

（3）指導的・分散型リーダーシップの型と仕事の満足度の要因

ＴＡＬＩＳ調査結果は、特に日本の校長のリーダーシップの型を分析する上で慎重な解釈を要する結果となった（国立教育政策研究所編 2014: 81）。たとえば、職場環境に対する満足度について四項目をたずねた結果、ＴＡＬＩＳ平均ではすべての項目で九〇％以上の高い満足度が見られたが、日本の校長は、「全体としては自分の仕事に満足している」以外のすべての項目で満足度が一番低かった。相対的には現在の職場環境についておおむね満足してはいるが、自分の仕事の成果については厳しい評価をする校長が多いのが日本の特徴とも考えられる。

校長職に対する満足度には、「校長職の長所は明らかに短所よりも多い」、「もう一度仕事を選べるとしたらこの仕事を選ぶだろう」、「校長になったことを後悔している」の三項目が含まれる（OECD 2014a: 77, Table 3.26）。日本は、前者の二項目が最も低い国の一つであったが、「校長になったことを後悔している」という質問に同意しない校長の比率はＴＡＬＩＳ平均（九四％）とほぼ同じ九六％であった。校長になったことを後悔こそしていないものの、校長職に魅力がありもう一度なりたいとも思っていないことがわかる。

指導的・分散型リーダーシップの型と校長職の満足度に関係性があるのか分析した結果（OECD 2014a: 78-79, 324-328）、校長職への満足度と正の関係が確認されたのは、指導的リーダーシップで二〇ヵ国（マレーシア、オランダ、ルーマニアなど）、分散型リーダーシップで一七ヵ国（クロアチア、フィンランドなど）、指導的・分散型リーダーシップの両方では日本を含む一四ヵ国（ブラジル、イタリア、韓国など）であった。日本で指導的リーダーシップや分散型リーダーシップを発揮している校長は、校長職への満足度も有意に高い傾向があった（OECD 2014a: 324, Table 3.19）。

指導的・分散型のリーダーシップとの関連では、先述のとおり、女性校長の方が男性校長よりも指導的リーダーシップをとる傾向が有意に見られたが、分散型リーダーシップと校長の性別との有意な関係性は見られなかった。また、日本の校長は、教員経験が長くなるほど分散型リーダーシップを発揮する傾向があり、校長職への満足度も高い傾向があるが、教員経験が長くなりすぎると逆に、校長職への満足度が低くなる傾向が見られた（OECD 2014a: 302, Table 3.5）。

学校の雰囲気と校長の満足度の関連性では、一部例外はあるものの、「相互に尊敬し合う学校文化」がある国や地域では校長職に対する満足度が有意に高かった。逆に、日本を含めた六ヵ国では、学校で非行や暴力が多くあると報告している校長ほど、校長職に対する満足度は低い（OECD 2014a: 327, Table 3.22）。また、校長の効率的な仕事の妨げになるものと校長職への満足度の関係性では、日本を含めた一四ヵ国・地域で、業務負担や責任が重くなれば、校長職への満足度が有意に低下する（OECD 2014a: 328, Table 3.23）。

分散型リーダーシップの発揮との関連性では、参加国の約七割にあたる相互尊敬の学校文化のある学校と正の関係性が見られた（OECD 2014a: 304, Table 3.7）。分散型リーダーシップの発揮が相互尊敬の学校文化を育むのか、相互尊敬の学校文化において分散型リーダーシップが効果的に発揮されるのかの解釈には、さらなる研究を必要とするが、相互尊敬の学校文化においても分散型リーダーシップの発揮においても校長の満足度との関連性が有意に見られた。

（4）指導的・分散型リーダーシップの型の分析から何がわかるか

これまでの指導的・分散型のリーダーシップの分析結果をジェンダーおよび日本の中等教育全体を勘案してまとめると、次の四点に集約できよう。

第一に、日本でもＴＡＬＩＳ全体でも、女性校長の方が男性校長よりも指導的リーダーシップをとる傾向が見られた。ただし、日本の場合、男女ともに指導的リーダーシップのスコアが参加国の中では相対的に低い。指導的リーダーシップに関する研修を受けた校長は、指導的リーダーシップ行動をとる傾向が有意に見られることと、日本の校長は男性が圧倒的に多いことから、校長全体で女性校長を増やしていく方策と子どもの学びに焦点をあてた指導的リーダーシップの導入および研修計画の策定がのぞまれよう。

第二に、日本の分散型リーダーシップのスコアは男女ともに参加国の中で一番低く、性別による関係性は見られなかった。しかし、日本で分散型リーダーシップを発揮している校長は、教職員とのリーダーシップの共有や保護者の参画を支持しつつも、それらがなくても校長としての効率性への影響は小さいと考える傾向がある。こうした分散型リーダーシップを発揮する校長は、校長職への満足度も高い。

第三に、指導的・分散型リーダーシップは、相互尊重の学校文化の雰囲気のある学校で発揮しやすく、また指導的・分散型リーダーシップを発揮する校長は自分の仕事に満足している傾向がある。

第四に、相互尊敬の学校文化があるところでは校長の満足度も高く、逆に、規律問題や暴力がある、いわゆる困難校の校長や業務負担・責任が重い校長は、校長の満足度も低い。この調査は前期中等教育を対象にしているが、日本では後期中等教育（高校）の方が校長たちの置かれた状況、すなわち困難校か否か、進学校か否かで校長の満足度との関連性が顕在化することが予想されるものと思われる。

なお、教員の満足度の関連では、男性であり、学力が優れた生徒が多い学校の教員は、教員としての満足度も自己効力感も高い。逆に規律の問題、または学力が低い生徒が多い学校の教員は、教員としての満足度も低いことがわかっている（OECD 2014a: 412-413, Table 7.6 & 7.7）。

次節では、これまで見てきた指導的・分散型リーダーシップの型の分析をもとに導き出されたリーダーシップの類型をジェンダー的視点から見ていく。

4　スクールリーダーシップの類型とジェンダー

ＯＥＣＤは、ＴＡＬＩＳ参加国の校長による指導的リーダーシップ、分散型リーダーシップ、教育的リーダーシップに費やした時間および実践政策の三つの指標を使い、統合的リーダーシップ（Integrated leadership）、教育的リーダーシップ（Educational leadership）、包括的リーダーシップ（Inclusive leadership）、行政的リーダーシップ（Administrative leadership）の四つ[2]の類型を提示した（OECD 2016a: 84-86, 154-159）。この分析の目的はグループ間の異質性やグループ内の同質性を最大化することにより、参加国の校長のリーダーシップをモデル化することである（OECD 2016a: 154）。

本節では、四つのスクールリーダーシップの類型のうち、ＴＡＬＩＳ参加国の三タイプのリーダーシップ別に、①女性教員の比率と女性校長の比率の差および②ＧＧＩ（ジェンダー・ギャップ指数）[3]等の国際的ジェンダー関連指数を組み合わせた分析を行う。

（1） TALIS参加国の校長によるリーダーシップの三類型

ＯＥＣＤは、ＴＡＬＩＳ参加国の校長による分散型リーダーシップ、指導的リーダーシップおよび教育的リーダーシップ行動の労力や業務の程度によって、統合的リーダーシップ、包括的リーダーシップおよび教育的リーダーシップの三つのリーダーシップの類型を提示した。

最も多くの参加国が該当するのは統合的リーダーシップであり、統合的リーダーシップのスコアが高い順に、上海（中国）、韓国、ポーランド等の一七ヵ国・地域が該当する。これらの参加国では、基本的に校長による指導的、分散型および教育的リーダーシップの実践策定の全ての項目でＴＡＬＩＳ平均のリーダーシップスコアを上回っている。

次に多く見られるのが包括的リーダーシップで、分散型リーダーシップのスコアがＴＡＬＩＳ平均より高いが、指導的リーダーシップのスコアは平均よりも低い。エストニア、フランドル（ベルギー）、クロアチアなどの一一の参加国が該当する。

教育的リーダーシップは、日本を含む六ヵ国・地域が該当する。教育的リーダーシップは、指導的リーダーシップおよび教育的リーダーシップのリーダーシップスコアがＴＡＬＩＳ平均よりも高いが、分散型リーダーシップのスコアは平均よりも低い。

次に、これらのリーダーシップの三類型をジェンダーの視点から分析する。

(2) ジェンダー指数とリーダーシップの三類型

本節では、ＯＥＣＤが導き出したＴＡＬＩＳ参加国のリーダーシップの三類型（統合・包括・教育的リーダーシップ）と、①女性校長および女性教員の平均比率、女性教員の平均比率と女性校長の平均比率の差、②ＧＧＩ（ジェンダー・ギャップ指数）、ＨＤＩ（人間開発指数）、ＧＩＩ（ジェンダー不平等指数）を勘案した分析を行う。それぞれの結果は、表１－１に示した。

①女性校長・女性教員の平均比率から見たリーダーシップの三類型

まず、統合的リーダーシップ（一七参加国）の女性校長の平均比率は五六％（ＴＡＬＩＳ四九％、ＯＥＣＤ四五％：以下この順）、女性教員の平均比率は六九％（六八％・六七％）、女性教員の比率から女性校長の比率を引いた差の平均は一四％（一九％・二二％）である。統合的リーダーシップをとる参加国の女性校長および女性教員の平均はＴＡＬＩＳおよびＯＥＣＤの平均より高く、また両者の平均比率の差も小さい。ただし、参加国の女性校長比率には大きな幅がある。女性校長の平均がＯＥＣＤ平均を下回った国は、オーストラリア（三九％）、メキシコ（四一％）、上海（中国）（四一％）等で、韓国以外は四〇％前後の平均比率を維持している。

包括的リーダーシップ（一一参加国）における女性校長の平均比率は四五％、女性教員の平均比率は六八％、女性教員の平均比率から女性校長の平均比率を引いた差は二二％である。女性校長の平均比率、女性教員の平均比率およびそれらの指標の差のすべてで、統合的リーダー

表 1－1　女性校長比率・女性教員比率とジェンダー関連指数

	女性校長比率(1)	女性教員比率(2)	女性校長と女性教員の差	校長の平均年齢(3)	GGI（144ヵ国）(4)の順位	HDI（188ヵ国）(5)の順位	GII（155ヵ国）(6)の順位
オーストラリア	39	59	21	53	46	2	19
チリ	53	63	9	54	70	42	65
チェコ	48	77	28	50	77	28	15
韓国	13	68	55	59	116	17	23
ラトビア	77	89	12	53	18	46	36
メキシコ	41	54	13	52	66	74	74
ポーランド	67	75	8	50	38	36	28
アブダビ（アラブ首長国連邦）	61	59	-2	49	124	41	47
ブラジル	75	71	-3	45	79	75	97
ブルガリア	71	81	10	51	41	59	44
マレーシア	49	71	21	54	106	62	42
ルーマニア	64	69	5	47	76	52	64
セルビア	55	66	10	49	48	66	38
シンガポール	52	65	13	48	55	11	13
ジョージア	60	n/a	n/a	50	90	76	77
ロシア	78	n/a	n/a	50	75	50	54
上海（中国）	41	n/a	n/a	49	99	90	40
統合的リーダーシップ平均	56	69	14	51			
デンマーク	32	60	27	53	19	4	4
エストニア	60	85	24	52	22	30	33
フィンランド	41	72	32	51	2	24	11
フランス	42	66	24	52	17	22	13
アイスランド	55	72	17	51	1	16	12
オランダ	31	55	24	52	16	5	7
ポルトガル	39	73	34	52	31	43	20
スペイン	45	59	14	49	29	26	16
スウェーデン	55	67	12	51	4	14	6
クロアチア	60	74	14	52	68	47	30
フランドル（ベルギー）	39	n/a	n/a	49	24	21	8
包括的リダーシップ平均	45	68	22	51			
日本	6	39	33	57	111	20	26
イスラエル	53	76	24	49	49	18	18
イタリア	55	79	23	57	50	27	10
イングランド（イギリス）	38	63	25	49	20	14	39
スロバキア	60	82	22	52	94	35	33
ニュージーランド	32	n/a	n/a	n/a	9	9	32
教育的リーダーシップ平均	41	68	25	53			

注 1：n/a は、データ入手不可
　2：上海（中国）、フランドル（ベルギー）およびイングランド（イギリス）の GGI、HDI、GII については国としての順位である。
出典：(1)～(3) OECD（2016a）、(4) World Economic Forum（2016）、(5) および (6) United Nations Development Programma（2015）

シップの数値を下回り、これらの女性校長の平均比率にも幅がある。

教育的リーダーシップ（六参加国）においては、女性校長の平均比率が四一％、女性教員の平均比率が六八％、両者の平均比率の差は二五％である。三つのリーダーシップ類型の中では、すべての項目で平均比率が一番低い。女性校長の平均比率が一番高いのはスロバキアの六〇％であり、低いのは日本の六％である。

三つのリーダーシップの類型をジェンダーの視点から見てみると、統合的リーダーシップでは他の類型よりも女性校長や女性教員の平均比率が高く、包括的リーダーシップ、教育的リーダーシップと続く。

②国際的ジェンダー関連指標とリーダーシップの三類型

本項では国際的ジェンダー関連指標であるジェンダー・ギャップ指数（ＧＧＩ）、ジェンダー不平等指数（ＧＩＩ）および人間開発指数（ＨＤＩ）を取り上げ、リーダーシップ類型との関係を探る。ＧＧＩは、各国・地域の社会進出における男女格差を示す指標であり、世界経済フォーラムにより、経済、教育、保健、政治分野のデータから算出される。ＧＩＩとＨＤＩは、国連開発計画による指数で、前者はリプロダクティブ・ヘルス（性と生殖に関する健康）、エンパワーメント、労働市場への参加における男女間の格差を示す指標であり、後者は保健、教育、所得の三つの人間開発の側面を計る指標である。ここでは以上の三つの指標の順位を手がかりとして、TALIS参加国のリーダーシップの三類型を考察する。

まず、統合的リーダーシップに分類された、一七参加国のGGI（一四四ヵ国・二〇一六年データ）の順位を見る。上位二五％（三六位以下）に入る国は、ラトビアの一ヵ国、上位五〇％（七二位以下）で半数近くの八ヵ国が該当するが、GII（一五五ヵ国・二〇一四年データ）およびHDI（一八八ヵ国・二〇一四年データ）では、上位二五％以内で約半数の国が該当し、ブラジルのGII（九七位）を除くすべての国が上位五〇％以内に収まる。つまり、統合的リーダーシップでは女性校長の平均比率が高く、また女性校長と教員比率の差が他のリーダーシップの類型よりも小さいにもかかわらず、GGI指標の順位が他二指標よりも高く、ジェンダー・ギャップが大きいということがわかる。TALIS参加国は、ほとんどがOECD参加国・パートナー国であることから、ある程度経済基盤が整っている国・地域が参加しているケースが多いものと思われるが、統合的リーダーシップに分類された国・地域の中には、相対的にTALIS参加国の平均よりも女性の社会参画が遅れ、男女間の不平等も大きく、また人間開発の側面でも厳しい状況であることが多いものと推測される。なお、参加国の多様性もあり、統合的リーダーシップの参加国中、GGIでは一八位のラトビアから韓国の一一六位、GIIでは一三位のシンガポールから九七位のブラジル、HDIでは二位のオーストラリアから中国の九〇位までの幅がある。

次に、包括的リーダーシップについて検討する。三つのリーダーシップの類型の中では最もジェンダー・ギャップや不平等が少なく、人間開発の側面でも良好である。たとえば、クロアチア（六八位）のＧＧＩを除き、ＧＩＩ（三九位以下）およびＨＤＩ（四七位以下）のすべての指標において上位二五％以内に入り、五〇％以内ですべての参加国が該当する。ＧＩＩやＨＤＩの指標に比べて、ジェンダー・ギャップの指標のみが高いという傾向は見られなかった。福祉環境が整っているといわれる北欧や東欧の国が多いこともこうした結果の要因と思われる。包括的リーダーシップの参加国間の幅は、ＧＧＩが一位のアイスランドから六八位のクロアチア、ＧＩＩが四位のデンマークから三三位のエストニア、ＨＤＩが四位のデンマークから四七位のクロアチアまでである。

最後に、教育的リーダーシップについて見ておく。ＧＩＩおよびＨＤＩの順位は、すべて上位二五％以内に収まり、包括的リーダーシップと同様に良好であるが、ＧＧＩの指数では上位二五％以内に該当するのは二ヵ国のみであり、統合的リーダーシップの結果と同様にジェンダー・ギャップが大きい。つまり、社会システムとしての不平等を解消し人間開発も進んでいたとしても結果としてのジェンダー・ギャップが大きいということである。これは、日本のケースがよくあてはまる。教育的リーダーシップの平均順位では、ＧＩＩ（一〇位のイスラエルから三九位のイギリス）およびＨＤＩ（九位のニュージーランドから三五位のスロバキア）ともに参加国間の幅が小さいが、ＧＧＩについては九位のニュージーランドから一一一位の日本まで大きな幅が見られる。この幅は、ＴＡＬＩＳ参加国における女性校長の平均比率が四九％に対して日本の比率は六％という低さとも関連があるかもしれない。

③参加国におけるリーダーシップ三類型のジェンダー的特徴

以上のOECDのリーダーシップの類型とジェンダー関連の国際指標を絡めた知見から、三点のことがいえよう。

第一に、基本的に指導的リーダーシップおよび分散型リーダーシップに加え、教育的リーダーシップ実践方略も兼ねた統合的リーダーシップには、半数以上のTALIS参加国が該当し、女性校長の比率も高い傾向がある。しかし、国際的なジェンダー関連指標を考慮すると、統合的リーダーシップの女性校長はTALISの平均的な参加国と比べると厳しい環境にあることが推察される。

第二に、分散型リーダーシップをメインとする包括的リーダーシップの参加国では、女性校長や女性教員比率がTALISおよびOECDの平均程度ではあるが、包括的リーダーシップに該当する国・地域では人間開発の部分はもとよりジェンダー環境も総合的に良好である。

第三に、指導的リーダーシップと教育的リーダーシップの実践方略を基にした教育的リーダーシップでは、女性校長や女性教員の比率が三つのリーダーシップの中で一番低く、女性教員比率から女性校長比率を引いた差も大きい。教育的リーダーシップに分類された国・地域の多くは人間開発やジェンダーの不平等がある程度解消されていても女性の社会進出においては課題が残るところもあるといえよう。

5　世界および日本の女性校長の現状と課題

これまで、世界の女性校長の現状、指導的・分散型リーダーシップと満足度、リーダーシップの類型とそのジェンダー視点について、ＴＡＬＩＳのデータをよりどころに分析してきた。ここでは、世界の女性校長の現状とリーダーシップの特徴、世界の女性校長の中における日本の女性校長の特徴、および女性校長が直面する課題についてまとめる。

（1）世界の女性校長の現状とリーダーシップの特徴

ジェンダーの視点から世界の校長の現状やリーダーシップの特徴を捉えたところ、次の四つの知見が得られた。

第一に、世界の教育現場では、初等中等教育レベルのいずれも男性教員よりも女性教員の方が多い。どのリーダーシップの教育システムでも、約三分の二の教員が女性であり、ＴＡＬＩＳ参加国の中で唯一日本だけが女性教員比率が五〇％以下の三九％であった。しかし、どの学校種でも、校長職に限れば男性教員の方が女性教員よりも校長職に就任しやすい傾向があり、参加国の多くでは、今なお「ガラスの天井」が依然として見られる。

第二に、全参加国の女性校長の平均は約五割（四九％）であるが、教員と校長の男女の比率が非常に大きい国と、小さい国とに分かれた。例外はあるが、女性教員が校長に就任しやすい国・地域では統合的リーダーシップを発揮している校長が多く、女性教員が校長に就任しにくい国・地域では教育的リーダーシップをとる校長が多い傾向がある。

第三に、リーダーシップの三類型のうち、国際的なジェンダー関連指数を加味した分析では、女性校長と教員の比率の差が最も少なく、また最も校長になりやすいのは統合的リーダーシップであるが、人間開発やジェンダー環境が厳しい国・地域が多い傾向がある。逆に、女性校長と教員の比率の差が最も大きく、また女性が校長になりにくいのは教育的リーダーシップである。日本を含めた教育リーダーシップの参加国の多くは人間開発やジェンダーの不平等がある程度解消されている側面はあるが、女性の社会参画に関する格差は大きい。包括的リーダーシップでは、女性校長や女性教員比率はＴＡＬＩＳ平均程度ではあるが、三つのリーダーシップの類型の中で最もジェンダー・ギャップやジェンダー不平等指数が小さい。

第四に、第一から三までの世界の女性校長の現状やリーダーシップの特徴から得られた知見を総合的に勘案すると、単純に女性教員が多ければ女性校長も多いというわけではない。リーダーシップの三類型においても、各国・地域でのジェンダーや人間開発に関するさまざまな要素を絡めると、必ずしも一枚岩の結果にはならないことがわかる。

（2）世界の女性校長の中における日本の女性校長の特徴

世界の女性校長の現状とリーダーシップの特徴から、日本の女性校長の特徴について考察すると、次の四点が明らかになった。

第一に、ＴＡＬＩＳ参加国の女性校長の平均比率が四九％に対し、日本の女性校長は六％であり、日本は女性教員が校長に最も就任しにくい国の一つであり、「ガラスの天井」もきわめて厚い。

第二に、日本の女性校長も世界と同様に、男性校長よりも指導的リーダーシップを発揮する傾向が有意に見られた。日本は、指導的リーダーシップ行動をとる校長の比率自体はＴＡＬＩＳ参加国の中で最も少なかったが、日々の授業観察や教員へのフィードバックなどを通し、教員の専門職性の見定めやフォローを行っている。校長の授業観察に基づくフィードバックを受けた教員は、教員としての満足度や自己効力感が有意に高いことも確認されている。

第三に、日本の分散型リーダーシップのスコアは男女ともにＴＡＬＩＳ参加国の中で一番低いが、男性校長の方が女性校長よりスコアが高い傾向がある。世界的には分散型リーダーシップも取り入れた統合的リーダーシップを発揮している国・地域では女性校長の比率が高いがジェンダー環境は厳しく、包括的リーダーシップを発揮している国・地域ではジェンダー環境が整っている傾向がある。これらのことから、分散型リーダーシップは、人材不足などの環境から必要に迫られて行われている場合も考えられる。あるいは、相互の信頼の上に責任の共有がなされている場合もあるだろう。日本では、学校の決定に十分に参画する機会を与えられていると考える教員ほど教職は社会でも価値があると考える傾向が有意に見られる（OECD 2014a: 409, Table 7.3）ことから、日本の校長も分散型リーダーシップのスキルを学んでいくことの重要性が示唆される。

第四に、日本の校長の仕事への満足度は、相互尊敬の学校文化があると高い傾向があり、規律問題や暴力、過重な業務負担があると低くなる傾向がある。このことは、校長の勤めている学校が、いわゆる困難校か否かによって、校長職への満足度が変わってくる可能性を示唆している。ジェンダーとの関係性では、女性教員や女性校長ほど困難校に赴任する傾向があるという知見もアメリカの事例で報告されている（村上 2011: 38）。また、教員の場合は男性の方が女性よりも教員としての満足度も自己効力感も有意に高く（OECD 2014a: Table 7.4 and 7.5）、同様の傾向は学力が優れた生徒が多い学校に勤務している教員にもいえる。逆もしかりで、規律の問題や学力が低い生徒が多い学校の教員は、満足度も低い傾向がある。このような知見のジェンダー的な問題は、いわゆる進学校と困難校との格差が大きいとされる後期中等教育レベル（高校）でより顕在化するものと思われる。

（3）女性校長が直面する課題

世界と日本の女性校長の現状に関する知見を踏まえ、日本の女性校長が直面する課題について三点指摘し、女性校長の登用を阻む日本の教育制度や管理職養成システムに言及しながら女性校長を増やしていくための方向性を示唆したい。

第一に、日本では、社会・教育・政治などの分野で政策や法律レベルでの男女平等や人間開発を「理念」として掲げているにもかかわらず、政策や法律の解釈や運用面でのジェンダーの視点が薄く、結果としての男女平等を実現するための公正への意識や環境整備が整っていないということが推察できる。日本の人間開発やジェンダー不平等指数は先進国並みではあるが、女性が実社会でどれだけ活躍しているかを示すジェンダー・ギャップ指数は世界一四四ヵ国中一一一位（二〇一六年）なのである。

木村（2008: 153）は、国家主導による師範学校制度は当初から男性が多く、「男性が国家の中核を担うというジェンダーバイアスが存在していた」と指摘するが、こうした考え方が現在でも残っているものと思われる。その象徴的な数字が女性校長六％に反映されているのではないだろうか。

第二に、前掲とも関連するが、日本の女性がGGIの「経済、教育、保健、政治の各分野」で活躍しにくいのは、性別役割分担の規範意識とその帰結である長時間労働の実態が考えられる。たとえば、TALIS（OECD 2014b）による日本の教員の一週間あたりの勤務時間は、TALIS三四参加国の中で最長の五四時間であり。TALIS平均三八時間に比べて、日本の教員は週一五時間以上長く働いているのが実態である。これは、授業以外の活動、たとえばスポーツ・文化活動等の課外活動（部活）が週平均八時間近くと参加国の平均二時間よりも長いためである。文部科学省が実施した「教員勤務実態調査」(2017) の速報値によれば、中学校教員の約六割の一週間の学内総勤務時間（持ち帰り時間は含まない）が六〇時間以上であり、この数値は厚生労働省が定める二～六ヵ月の平均時間外労働八〇時間以上が目安の「過労死ライン」にあたる(4)。このような長時間労働を前提とした現場で、いまだ家庭責任の多くを担っているのは女性であるという日本の現状を考慮すると、女性が管理職をめざすのは難しい。最も長時間労働を強いられているのが教頭・副校長の管理職だからである（文部科学省 2017）。

教員の仕事の特性として、長時間労働も厭わない「無境界性」「無限定性」（岩田 2008: 43）という考え方がある。「献身的な教師像は日本の特徴でもあり、その魔力、魅力には抗いがたい。しかし、一生懸命頑張っている先輩たちが、自分たちの頑張りを超えないとダメという言い方をすることは、できない人を軽蔑して切り捨てる排除の思想だ(5)」という油布 (2017) の指摘は正鵠を射るものと思われる。教師の献身性や仕事の無限定性が大きく問われている中で、女性だけではなく男性もワーク・ライフ・バランスが保てるような教育現場の環境整備が望まれる。

第三に、序章で触れた管理職登用と育成の「見える化」の基準と、授業観察や見定め、フィードバック等に裏打ちされた教育的リーダーシップに基づく基準や判断とのずれであろう。前者は、校長や教員の「キャリアのマイルストーン」を提示することにより、達成すべき課題を可視化し、不透明さを排除しようとする。その一方で、後者は校長や教員の仕事の結果や成果、力量が明示しづらい等の性質がある（久冨 2008: 21–22）ため、校長や教員同士の専門職集団による自律的評価を尊重しようとする。このような双方のベクトルは同じ方向性を向いておらず、これまでの教員文化の中で醸成されてきた見定めによってすくい上げられてきた女性校長が出にくくなるのではないかという懸念もある（詳細は第五章）。

可視化を基調とした評価と専門職集団による評価のずれについては、どちらも第一の課題で指摘したジェンダー視点の薄さが懸念されることを指摘しておこう。つまり、前者の可視化できる「数」や「要素」の基準と後者の子どもや教員の「人」を見ている基準とのずれだけではなく、出産や育児・介護等の家庭責任がなく長時間労働に耐えられる者を前提とした基準にもなりうる。そのため、特に出産を考える女性教員にとってはキャリアの初めの方で管理職の道は選択肢からはずれてしまうことが案じられる。また、後者の場合は専門職集団、とりわけ管理職集団の多くが男性であり、女性教員が管理職になりにくい慣行や手続きが教員養成のシステム内に存在しているという「システム内在的差別」（河上 1990）も指摘されている。

これらの課題を踏まえ、現行のワーク・ライフ・バランスを不問にした「見える化」路線の教育政策に対し、日本の校長がすでに強固に発揮している指導的リーダーシップに加え、「学校の意思決定に積極的に参加するための機会」を教職員はもとより、親や保護者、生徒たちにもなんらかの形で提供していく分散型リーダーシップを取り入れた統合的リーダーシップは示唆に富む。その主な理由は三点ある。

第一に、分散型リーダーシップの特徴は、学校の意思決定への参画と多様性の包摂であり、女性教員や若手教員をはじめ、保護者、生徒、地域住民など多様な視点を学校運営に反映するという可能性を秘め、ひいてはジェンダーの視点を取り入れることにもつながることが期待される。日本の校長は授業観察やフィードバックなどを通じて教員の専門性を見定め、必要な支援や対応を行っているが昨今の学校組織改革によって同僚性に基づく教員文化に内在する専門性を駆使した見定めがしにくくなっている（詳細は序章参照）。このような現状だからこそ、これまで薄かったジェンダー視点を含めた多様性を取り込むことにより、女性や若手を含めた多様な人材の養成が期待されるのである。

第二に、前述の女性や若手など多様な人材が学校の意思決定に直接・間接的に関わり、教育目標や学校が抱える課題を共有し、業務や責任を分散することによって、チームとしての学校経営が可能になることが示唆される。予算の有無にもよるが、たとえば、地域住民や保護者との連携を視野に入れた部活や生徒たちの教育・文化・奉仕活動、いわゆる私事で行われるべきしつけ等の責任の分散および軽減などが考えられ、こうした責任や業務の分散は教員の慢性的な長時間労働に一定の歯止めをかける可能性もある。同時に保護者や地域住民が学校の意思決定になんらかの形で参画する機会を持つことにより、学校教育の目標や意義を理解し、共有することにもつながり、学校内の教職員や生徒たちだけではなく学校外のステークホルダーとも良好な信頼関係を構築することが可能になってくる。教員を取り巻く環境を整備・改善していくことは個々の教員のキャリア形成にもプラスに作用するものと思われる。

第三に、分散型リーダーシップにより、短期的な成果だけではなく、プロセスを重視した養成のあり方も示唆される。つまり、人生のある一時期の男女教員の迂回時期を、学校内外のステークホルダーを含めた教職員がチームとして補完していく仕組みをつくるのである。

日本の女性校長が増えない要因の一つとして、これまでの教育政策がジェンダー問題を不問とした政策や制度設計を推し進めてきたところによるものが多いと思われる。本書のいたるところで指摘されている管理職登用と育成の「見える化」の本質的な問題は、その「効率性」と「スタンダード」導入に伴う多様性の排除にある。「分散」という考え方は、単にリーダーシップのあり方の議論だけではなく、責任の共有という観点から、後章で詳述される「一任システム」という同僚性に基づく教員文化の再考やジェンダー視点を含めた多様性の包摂にも一石を投じる可能性があるものと思われる。教育を含む社会全体に見られる固定化した性別役割分担に関連したジェンダー問題を解消していくためには、専門職集団としての「指導的リーダーシップ」をさらに醸成すると同時に、いかに私的・公的責任を個人が持つ資源や属性だけに頼るのではなく、社会全体の中で共有・分散していくかが鍵となってくるものと推察される。ジェンダー問題を不問としたままでは、いわゆる家庭責任を「調整」できるや人や調整の必要のない人でなければ校長になることは難しい状況があり、若い男女教員の多様なロールモデルが制限されるからである。

注

（1）「Instructional leadership」の訳語は、たとえば国立教育政策研究所編（2014）では「教育的リーダーシップ」、斎藤里美監訳（2012）『OECD教員白書』（明石書店）では「教育上のリーダーシップ」、また有本昌弘監訳（2009）『スクールリーダーシップ　教職改革のための政策と実践』（明石書店）では「授業リーダーシップ」と訳されており、統一した訳語はない。しかし、本論における「instructional」は、主として対教員であることと、OECDの提示した四つのリーダーシップの類型に「Educational leadership（教育的リーダーシップ）」があり、それと区別する必要があることから、ここでは「指導的リーダーシップ」の訳語を使う。

（2）OECD（2016a: 81-82）の報告書本文では、TALIS参加国の校長リーダーシップは、統合的リーダーシップで五〇％、教育的リーダーシップで二三％、包括的リーダーシップが一七％、行政的リーダーシップが一〇％であったが、本論ではこれらの数値のもとになっているデータ（OECD 2016a: Table 3.12）を使用した。

（3）世界各国の男女平等の度合いを指数化したもの。世界経済フォーラム（WEF）の二〇一六年版による。「経済、教育、保健、政治の各分野毎に各使用データをウェイト付けして総合値を算出。その分野毎総合値を単純平均してジェンダー・ギャップ指数を算出。〇が完全不平等、一が完全平等（内閣府男女共同参画局）。」詳細は、The Global Gender Gap Report 2016参照。http://reports.weforum.org/global-gender-gap-report-2016/（最終閲覧二〇一七年二月三日）。

（4）厚生労働省都道府県労働局労働基準監督署『脳・心臓疾患の労災認定』（2015）参照。

（5）油布佐和子（二〇一七年二月五日）、「日本人が抱く「献身的な教師像」の魔力から脱却するには　教員の長時間労働問題を議論」、弁護士ドットコム、https://www.bengo4.com/c_5/n_5657/（最終閲覧二〇一七年二月二〇日）

第二章　学校管理職のキャリア形成

髙野良子

前章では、校長やリーダーシップの国際的な特徴と女性校長の実際を通して、日本の女性校長を俯瞰する手がかりを得た。日本においても、学校管理職の育成や登用が議論されるようになっているが、教員がどのように管理職へのキャリアを歩んでいるのかは、あまり明らかになっていない。本章では、高校長へのインタビューを通して、彼女ら／彼らのキャリア形成過程を明らかにする。

1　学校管理職のキャリア形成とそのプロセス

(1) 先行研究の整理

学校管理職のキャリア形成や養成をめぐっては、「学校の自主性・自律性の拡大」に伴う校長の裁量権の変容に関連させた、教職大学院での当該能力向上プログラムの開発や教員研修の充実（小島 2001; 元兼 2003 ほか）などの議論が目立つ。しかし、そうした研修等を受けるプロセスや、実際の人事や任用をめぐる状況はいかなるものなのか。

教員の人事等に対する行政の関与に関して、事務能力の充実した市町村教育委員会や教育事務所を抱える場合、意向の調整や異動案の作成に対する都道府県の教育委員会の関与が弱まる傾向があり、県教委が情報収集において果たす役割が市町村教育委員会の事務能力に応じて変化することが指摘されている（川上 2005b）。ただし、市町村教育委員会が任用や人事に関与することのない高等学校の管理職の人事については検討の余地が残る。

また、組織内での昇進や学校経営のあり方に関しては、公立小・中学校の校長・教頭対象の聞き取り調査から、学校管理職が個人的な「つながり」を介してフォーマルには保証されていないルートで学校経営に関する相談や情報収集を行っていること、こうした「つながり」がそれぞれのキャリアパスに依存して構成されていることが指摘されている（川上 2005a）。人的ネットワークのあり方が組織内の昇進にも関係しているとの指摘は、本研究にとって示唆的である。つまり、「一任」の名のもとで語られる管理職へのキャリア形成に関しては、「つながり」等のインフォーマルな資源がいかに機能しているのかを十分に検討する必要があるということである。

以上のことから「一任システム」を分析していくためには、「行政要因」や「制度的要因」だけでなく、インフォーマルな資源にも着目して、管理職の任用や候補者養成をめぐる状況・環境を、教員の実際の状況と照らし合わせて検討する必要がある。

(2) 本章の分析枠組み

そこで、本章では、公立高校の学校管理職へのキャリア形成のプロセスを、教員世界の入口から校長に至るまでの多様な資源や経験に着目して捉えていく。

具体的には、教員が学校管理職（校長）となるまでのプロセスを①インプット、②スループット[1]、③アウトプットの三段階で捉える。ここでの①インプットとは、個々人の教職選択プロセスを含む教員としての入口の段階を示し、②スループットとは、教諭として採用されてから、さまざまな主任や校務分掌経験、あるいは教育委員会等での行政経験を含む二五～三〇年以上にも及ぶ長い教職生活におけるキャリア形成過程を、③アウトプットとは、管理職として任用された段階を指す。以下では、公立高校の校長へのインタビューデータをもとに、③アウトプットに至るまでの①インプット、②スループットの背後にあるものを分析する。

ところで、学校管理職に至るまでの経験については、校長就任前に教育行政職を経験するキャリア形成が望ましいと思う校長が多く（水本 1992）、職務決断力、確固たる教育理念、最高責任者としての管理運営能力、課題発見・解決力を教育行政職時代に獲得したと認識する校長は、小・中よりも高校でやや多いという差異がある（神山 1992）という。教育行政職とは、具体的には、教育委員会事務局や教育機関における教育行政に関する企画・立案や学校運営に関する仕事に携わる行政職のことを指すが、われわれのインタビューでも同様の語りが見られた。つまり、校長のキャリアをめぐっては、教育行政経験が何らかの特別な意味を持っている可能性がある。そこで、特に②スループットについては、行政経験の有無（以下、「行政」「非行政」）別に校長の語りを分析していく。

（3）調査の方法と概要

ここでは、二〇〇八年九月〜二〇一二年一一月に実施したインタビュー調査を分析していく。この期間は、新たな管理職育成システムが本格導入される前であり、インタビューには、一三都道府県三二名の校長から協力を得た（男性一一名、女性二一名）。インタビューが長引かないようにするため、調査前に、次の一〇項目の質問紙への記入を依頼した。

すなわち、①現在までの勤務校や職名、②担任や副担任等の経験と時期、③各キャリア段階で担当していた校務分掌、④主任役割の経験、⑤校長をめざしたきっかけ、⑥管理職に至るまでの年数、⑦キャリア形成の背景に関する事柄、⑧生活・プライベートな側面と仕事に関する事柄、⑨校長の仕事に関する自己認識、⑩校長の資質に関する一般的見解等である。インタビュー時は、これらの回答をもとに、詳しく聞き取りを行った。また、五つの都道府県の教育委員会の人事等担当者へのインタビューも実施した。

なお、調査にあたっては、地域や人口規模等の偏りが出ないようにサンプリングを行った。ただ、女性校長の勤務校は、いわゆるナンバースクール（地域の伝統校）での校長経験者はほとんど見られなかった。それゆえ、高校の多様性の面を鑑み、男性校長については、調査依頼時点でナンバースクールに勤務する校長に主に調査を依頼した。また、管理職選考については、都道府県によっては制度化されていない状況であった。

2　インタビュー

(1)　インプット――教職選択プロセス

ここでは、インプットについて見ていくが、その前に、教職に就く基本的な流れを確認しておこう。公立学校の教員になるためには、二つの関門がある。一つは教員免許状の取得、もう一つは各都道府県・指定都市教育委員会が実施する教員採用候補者選考試験における合格である。ゆえに、学部時代に教職を取るか、取らないかという選択があるが、インタビュー協力者は前者を選んでいることから、教職への関心はあったといえる。そしてその学歴背景は、いわゆる難易度が高い大学または大学院の出身者であった。教育学部など教育系出身者は三名と少なく、大半が理学部、人文学部、商学部、家政学部等で学んだ者であり、教員養成を専門に行う教育学部出身者が多い義務教育段階の教員の出身背景との違いがあった。

インタビュー協力者の多くは一九七〇年代に大学に入学していた。「学校基本調査」によると、たとえば、一九七三年度の大学進学率は、二三・四％である。ちなみに女子は一〇・一％であった。大卒女子が就職できる職域がかなり限られていた男女雇用機会均等法が施行される一〇年前の世代（一九七六年に一八～二二歳）に該当する。インタビューにおいて何人かの校長が「先生たちはエリートですから」と語ったが、その背景はこうした進学動向からもうかがい知ることができる。また、教職生活をスタートする一九七五年頃の公立高校数は三七〇一校であったが、その後一五年間、生徒数の急増と高校全入に対応し、高校の新設が相次ぐ時期に教員キャリアの中堅期そしてプレ管理職期に入っている。このように、インタビュー協力者らは高校教育の大転換がせまられた時代に、教職生活を送っていた。その教職意欲や動機はいかなるものだったのだろう。

以下では特に、教職を選択した経緯に注目していく。教員生活の後半、管理職の道を歩むことになった校長たちの教職選択プロセスはどうであったのか。早い時点で、高校教員になる夢を抱いていたのだろうか。それとも、いくつかの選択肢の中から、結果として選び取った教職だったのだろうか。ここでの分析対象は、教職選択プロセスを語ってくれた校長三〇名（女性一九名、男性一一名）である。校長らの語りからは、教職志向に対して、「高位」「中位」「低位」の三つのパターンが見出された。以下で詳しく見ていこう。

一つ目のパターンは「教員になる」という強く熱い希望を抱いていた「教職への動機づけや意欲が高い」者を、「高位」群とした。このパターンは全体の四割（一二名）が該当し、これを男女別で見ると、男性は一一名中三名（二七・三％）だったのに対し、女性は一九名中の九名（四七・四％）となっており、教職意欲には男女で差が見られた。高位群の主な語りは、「教員になることだけが、私の目標だった」（女性）、「小学生の時、素晴らしい先生に巡り合えたから」（女性）などである。

二つ目のパターンは、教職を選択肢の一つとして捉えていた「中位」群で、全体では四割（一二名）、男性は五割弱（四五・五％）存在した。ここには、「企業内定と県教採合格と二つを天秤にかけ、卒業まで悩んだが、長男だから地元に帰ることを選んだ。」（男性）、「積極的に高校教員になりたいという、教師へのアツイ夢を持っていたわけではなかった」（男性）、「ひょっとしたら教職以外の道もあるかもしれないという気持ちも正直なところあったが、教員か公務員となったときに、やはり教育の仕事はやりがいがあると考え（教員採用試験を受け）」（男性）と語った者が分類されている。

そして三つ目のパターンは、「中位」よりも消極的な「低位」群であり、全体では二割（六名）と少なかった。ここには、免許は取得したものの、教職に就くことはあまり視野に入っておらず、消極的もしくは消去法で、結果として教員の道に入った者が分類される。「（理工学部の卒業生には）大学院、企業の研究員、公務員の三つの選択肢しかなかった。家庭の事情で○○県に残った。その意味では、必ず教師にということではなかった。」（男性）、「教員っていうのは考えなかった。長男だから戻ってこなければいけない。県庁職員になるか、学校の先生になるか、あるいは銀行員になるかっていう選択だった。」（男性）、「研究職やるほど才能も無いし、教員なるのが一番堅いかな。結婚しなくてもやっていけるのは公務員しかない。父親も教員でしたので、消極的ないい加減な理由なのですが、やっぱり教員かなと」（女性）という語りであった。

以上、インプットとしての高校の校長たちの教職選択プロセスを検討してきた。この結果は、概ね次の二点にまとめられる。第一に、高校教員になることを積極的に志向した校長は四割（一二名）であった。第二に、積極的な教職志向以外の者は、民間企業か公務員（県庁職員等）、あるいは、研究職か民間か公務員か等の選択肢から、結果として高校教員の道を歩んでいた。

職業選択は個人の興味、能力、価値、現実的要因との妥協の過程であることがすでに指摘（Ginzberg, Ginzberg, Axelrad and Herma 1951; 田中・小川 1985; 高野・明石 1992）されているが、本協力者の場合も教職を決定づけた事柄や誘因は複数が絡みあっていた。たとえば、「両親が教員だった」のように、親や身近な者の職業の継承者が八名（二六・七％）いた。また、「長男だから」「父が亡くなっていたから」「自分の能力は、まあドクター（博士課程）に行ってもダメだろうな」に見るように、環境要因あるいは現実的・経済的要因が個人の職業を方向づけていることがうかがわれた。

このように、校長となった人たちは、必ずしも早い段階で高校教員になるという夢を抱いていたわけではなく、外的・内的環境と折り合いをつけつつ、教職に就いていることが見えてきた。

(2) スループット――「行政系」と「非行政系」

前項で見たように、インタビュー協力者たちの教職選択プロセスは多様であり、管理職になることをめざすどころか、必ずしも教職そのものを積極的にめざしていたわけでなかった。だとすると、彼女ら／彼らが管理職へのキャリアを歩むことになった分水嶺は、教職生活のスループットの中にあったと考えられる。そこで、ここではスループットの分析として、「行政系」「非行政系」それぞれにおけるキャリア形成と登用のプロセスを検討する。

①「行政系」の語り

まず、行政職への異動経験があったインタビュー協力者二三名（女性一三名、男性一〇名）について見てみよう。

ここでの行政職とは、県教育庁の指導課（教育課程等に関わる職務を担う）、高校教育課（高校教育の企画・調整など）や、県教育センター（学校現場と連携し、調査・研究・研修などを担う）などを指している。これらが彼女ら／彼らの異動先であるが、異動直前の身分が教諭であった者は一九名で、あとの四名は学校現場で教頭あるいは校長を経験した後に初めて行政入りしていた。異動後の職名は、前者の場合は指導主事、社会教育主事、管理主事などで、後者の場合はすでに管理職となっていたため、主幹、参事などその格に見合った職名となっている。

先にふれたように、インタビュー協力者によっては管理職選考が制度化されていない場合もあったが、管理職登用試験が実施されている県においては、教諭から行政職に異動した人は、その異動が若い時期（三〇歳代）であった人を除き、行政に入るタイミング、あるいは行政に入った後二〜三年以内に登用試験を受けて、いずれも次に現場に戻るときには管理職になっていた。つまり、行政職への異動は、それ自体が管理職登用と同義ではないものの、行政に入るということ、あるいは行政でさまざまな仕事をこなしていく過程において、彼女ら／彼らを管理職に進む決断をさせる働きがあったことがわかる。

以下では教諭の時点で行政に異動したインタビュー協力者の語りに焦点をあて、行政に異動することになった経緯と、行政職への異動後に管理職選考を受けることになった経緯を見ていこう。特に、彼女ら／彼らをその方向に進めた外的な力と、自身が獲得している知識や力量、資源に注目する。

・行政入りの経緯

彼女ら／彼らが、行政に異動することになった経緯はいかなるものだったのか。自らの積極的な希望で行政入りしたと語ったインタビュー協力者はいなかった。現任校からの転任を望んでいたケースはあったものの、本人には異動先が行政とはまったく想定されていなかった。多くは、校長から行政への異動を決定事項として告げられ、断ることができない状況があったという。

校長先生からお話ありまして、で教育センター勤務だっていうふうに言われたのですが、びっくり仰天、私自身しまして。（女性）

試験受けて心の準備をしてたとかそういうことは全くなくて、ある日突然そういう話でね。（勤務校から行政等への転出する、を意味する）『出るよ』と。まあ、『出ないか？』じゃないですね。（女性）

こうした「一本釣り」とでもいうべき内々に決定された行政入りには、校長や指導主事等の推薦があったのだとの認識が彼女らにはある。推薦がなされた以上、すでに「その流れができている」ということで、流れに乗せられた教員がそこから降りることの難しさが語られた。中には、異動を断れば教員を「辞めるしかない」といわれたケースさえある。管理職選考が行政入りの要件であった県では、「指導主事になってみないか」等の打診の形で提示された人もおり、その場合は教員の側から受験を辞退する態度を示すこともできたようである。しかし子どもを持つ女性で辞退を申し出た人も、「その話はなかなか消えずに」打診は（年度を超えて）繰り返され、家庭の状況が変化した時についに引き受けている。これらのことを見ると、打診された場合も、異動を決定として告げられた場合と同様に、すでに「流れ」はせき止めがたいものとなっている。

彼女ら／彼らが行政入りの流れに乗せられたのはなぜだろう。インタビュー協力者たちに共通していたのは、教諭時代から着実に力量を形成し、発揮する機会を得てきたことであった。彼女ら／彼らの多くが、教務主任（部長、課長）、進路主任などをはじめとする校務分掌における主任職や、全国的な教科組織の事務局や大会の運営、県の仕事などの対外的な役割を担っていた。共通していたのは、周囲から舞い込む仕事や与えられた役職を断らずに引き受ける態度である。

「学年主任してよ」とかまあ、「はいはい」とかって。（中略）基本的にはやっぱり、学校っていうのは仕事場ですからね。よほどのことがない限り、「やれ」って言われたことは「はい」っていう主義なんです、

私は。なので校長になってしまった。（女性）

と冗談めかして語った校長がいたが、類似の語りはしばしば登場した。「（自分の）人事で希望したことなんか一つもない」（男性）と言う校長も、校務分掌として務めた教務で時間割編成をしていた経験が異動する先々の学校で買われて、教務の仕事を引き受け続けるうちに教務課長という大きな役割が与えられてきたことを語った。

次々に役割を引き受ける中で、彼女ら／彼らには知識や力量が蓄積されてきたことが見てとれる。校内における主任職においては、複数の教員の間を調整することや、トラブルへの対処、生徒の学習や進路など学校全体の運営に関わる大きな視野が必要になり、苦心してそれらをこなしてきたことが多くの語りにあらわれていた。対外的な仕事では、教材研究のような教科に特有の知識にとどまらず、教科組織の大会の企画や運営などを通して、組織的に多くのものや人材を動かし、調整する能力を手に入れてきたと考えられる。さらに対外的な仕事においては、「ご縁」「お付き合い」と語られるような、主に教科内における人的なつながりを得ている人もいて、そのような人的つながりは、彼女ら／彼らにまた新たな力量形成や発揮の機会を準備してくれるものでもあった。つまり、依頼される仕事を断らずに引き受ける態度は、同時に、人的ネットワークの構築や拡大にもなっていたのである。

このように、自分がすぐれた力量を備えていたために行政入りへの声がかかったのだ、という語り方をする校長はいなかったのだが、インタビューから垣間見えるのは、確かに彼女ら／彼らが周囲の期待に応え、周囲を納得させるだけの力量を発揮してきたことだった。たとえば、教師たちからの相談が自宅にまで持ち込まれ、訪問や電話が常に絶えなかったという語りもあった。

教科のことだとか、それからいろいろまあ女性として、自分が今担任持ちたいんだけど持たせてもらえないとかっていう苦悩だとか、いろんな話だとかを聞いたりして。「それこうやって考えたらいいんじゃないの?」とか「こういうふうなやり方で指導やったらうまくいくかもよ」とか、まあそういうふうなアドバイスを。（女性）

彼女ら／彼らが役割の連鎖の中で見せる仕事ぶりを評価し、管理職へと引き上げようとする登用側の視線がその背後に見える。

・キャリアとしての行政経験

次に、行政への異動後に管理職選考を受けた人の経緯はいかなるものだったのか。

ここでも、彼女ら／彼ら管理職へと方向づけ、断ることのできない状況がつくられていたことが語りから浮かび上がってくる。そこには、いったん行政入りした以上は管理職選考を「受けて当たり前」という共通の了解があった。県によって年数の慣例は異なっていたが、「○年行政を経験したら管理職試験を受けなさい」という上司からの言葉があったことを、複数のインタビュー協力者が語った。「『受けません』って言ったら『ダメ』って言われてね」（女性）、「『抵抗してもどうせ受けなければならなくなるから、もう一年目から受け（なさい）』ってとかって言ってね」（女性）など、本人が望むと望まざるとにかかわらず、管理職選考は必ず受けなければならないものだった。

こうした流れに抵抗しようとして、「下の者がつかえている」（女性）と上司に叱られた者もいた。「（管理職試験を）受けないと（学校現場に）出られないんだよ」といわれ、管理職への道を受け容れる覚悟をしたインタビュー協力者もいた。さらに、行政内での職務遂行のためにも、管理職選考への合格は重要なものとみなされていた。指導主事等として現場の管理職や教員と関わる場面においては、管理職の「格」が説得力の担保になるという。「班長っていうのは教頭格なんで、その人だったらまあ、同じ管理職で（校長とも）話ができる」（男性）ということである。

一方で、行政職に入ることは、本人たちにとっては、その後のキャリアの見通しが生まれることでもあった。人事関係の部署でなくとも、同僚や上司の異動の動向は目に入ってくる。「歴代そこの課長補佐を経験した人っていうのは、そのまま校長で（現場に）出てますね。」などの語りもあったし、自身が行政から現場に出る際に、その地域に出るということはいずれ再び行政に戻ることになるのではないかと同僚からいわれたとの経験を語った校長もいた。行政経験者たちには、かなり具体的に、コースとしてのキャリアイメージが共有されていることがわかる。自らの今後のキャリアの具体的なイメージが形成されることで、本人の側にも流れに身を委ねる覚悟が生まれていると考えられる。

そして行政の仕事は、管理職になっていく彼女ら／彼らにさらなる知識や力量を獲得させる機能を持っていることがうかがえた。現場への指導や伝達、研修の企画、教員の人事、議会対応、高校再編などさまざまな仕事に従事しながら、「教育の成り立ち」や「バックグラウンド」、「ヒト・モノ・カネ」の動き、危機管理の対応の機微などが「見える」ようになってきたという。そうした知識や力量は、のちに校長として学校を経営していく上で重要な資源となるものだった。ある校長はこのように語った。「授業やっているのも一つの生き方でよいと思いますしね。でもやっぱし、なんていうんですか、世間はそれだけで動いてないよっていうことも、やっぱ知っとく方が幅は広いですよね」(女性)。それに加えて、行政職の経験は、人的なつながりを拡大するはたらきを持つようでもあった。同時期に行政入りしていた人ばかりでなく、職務を通して現場の管理職や教員、文部科学省、地域の団体などさまざまな立場の人と顔見知りになっていることで、校長としての仕事が円滑に進むことが示唆されていた。

こうして「行政系」の校長たちのキャリア形成を見てみると、自らは管理職選考を必ずしも強くめざしていなかったにもかかわらず、彼女ら／彼らを取り巻く「流れ」の中で、管理職への道を次第に歩まされ、育て上げられてきていた。彼女ら／彼らが行政入りする前においても、行政に入った後においても、管理職の職階へと引き上げようとする外的な力がはたらいており、他方で彼女ら／彼ら自身も、与えられた役割を果たすことを通して、管理職になっていく覚悟や職務をこなすために必要な力量や人的なつながりを手に入れてきていたことが明らかになった。このように行政経験を通して形成したキャリアにおいて、校長たちは広い視野や組織のマネージメント、学校教育に関する経費や人事のあり方等も修得していたのである。

②「非行政系」の語り

ここまで見てきたように、校長のキャリアとしては行政経験が重要であることが示されていた。「行政系」キャリアの校長にとっては、行政を経たことが管理職に就く上で大きなきっかけだったのである。では、このように重要視されている行政職を経験しなかった「非行政系」の九名の校長たち（女性八名、男性一名）は、どのようにして力量をつけ、管理職になる機会を得たのだろうか。

・「非行政系」——キャリアとしての学内分掌

結論を先に述べれば、「非行政系」の校長九名もまた自ら進んで管理職をめざしてきたわけではなかった。それは、たとえば次のような語りに見られる。

しつこくしつこくお声がかかって、まあ、受けるだけ受けてみようかというふうなことで。（女性）

悩む時にね、もうGOの方を、行く方を選ぶというのが、ちょっとまあ一つのポリシーというのもありましたので。（女性）

何回も断っていた（ら）『俺の顔を潰す気か』って最後言われましてね。これで顔が潰れるんだったら申し訳ないなと思って。（女性）

私は結果として管理職になっただけかなと思ってるんです。ですから、もしお声がけがなければ、なりたいとか、なろうとかっていう風には思わなかっただろうと思っています。（女性）

このように、彼女ら／彼らは何度も声をかけられて、ようやく管理職への道を進み始めている。勤務校の校長から声をかけられることがなければ管理職をめざすことはありえなかった。声をかけられ、場合によっては何度も断っていたが、最後には言われたことを断らなかったことで管理職になっているのである。

すでに述べたように、行政経験があるとその間にいずれ自らも管理職になるだろう、ならざるをえないだろう、という将来の見通しがついていた場合がある。しかし、学校現場に居続けた場合はそういった見通しが立つようなことはほとんどない。そのためか、非行政系の方が、管理職になったことをふりかえって意外だったと語る傾向があるように思われた。

ただし、一般教諭として同僚の教師集団が分裂している状況下で声をかけられ、一致団結した学校づくりをしてみたいという思いからリーダーシップを取る側への魅力を感じたと語った校長が二名いた。

○○（注：県名）は推薦なんです。それに先立ってあの頃は、中堅教員研修会ですか？　そこに幹部候補生が行くんです。（中略）それはもう当然幹部になるかどうかっていう事だから、ここでは悩みましたね。（中略）フリーライダーみたいな教員がいるわけですよ。（中略）許せないなって。もう最初から思った事ですけど、そういう態勢の学校じゃない学校にしたいってすごく思いましたから、一教員じゃなくて、管理職としてやっていきたいなって思いました。で、受けることにしました。（女性）

○○（注：高校名）高校は相当揺れていた時代だったんですね。で、私も校長教頭というそういうポストになりたいと考えた事は一切無かったので、そりゃもうそういうのを目指している人がなるもんだという風に、思ってたんですけど、（中略）校長先生教頭先生方と一緒になって、なんとか学校立て直さないといけないなぁというので、まぁ奮闘してた時代ですねぇ。（女性）

このように勤務校の惨憺たる状況を改善したいという思いから学校づくりに視野が広がった場合もあったが、そこでも校長から声をかけられなければ、管理職になろうとはしなかったと思われる。
ではなぜ、彼女ら／彼らは管理職になるよう声をかけられることになったのだろうか。九名の語りからうかがえるのは、一般教諭時代に校内・校外においてなんらかの役割を与えられ、そのことが評価されたことだ。校内における代表的な経験は学年主任や教務主任で、次の語りに象徴される。

やっぱり学年主任をやる、やったとか、部長をやったっていうことは皆をまとめられるじゃないですか。そして、その学年主任が終わったっていうことは、それはプラスになりますよね。全くやらない人、やらない人はなっていますけどね、別に。管理職にはなっていますけど。でもやった方が。多くの方は教務主任を経験しているとかね、主任は経験していますよね。（女性）

このように、学年主任や教務主任を引き受けることは、教員集団をまとめる力や、学校の仕組みを理解することに不可欠、という考え方があるようである。ただ、この語りのように全員が教務主任をしているわけではない。進路指導主任や生徒指導主任の場合もあるが、これらの主任を経験することで力量を見出され、形成しているものと思われる。

・「非行政系」――キャリアとしての対外的役割の経験

さらに学外で大規模な組織の運営に関わったり、全国から参加者が集まるセミナーに参加するといった重要な経験をしている場合もある。次の二名の語りにそれがあらわれている。

全国的な組織の会長を引き受けていたんです。（中略）会計という役割があったんです。それがもう、乳飲み子抱えてですから大変で（中略）皆に反対されました。「出来ないでしょ」って言われて、出来ないと言われるとやってみようかなと（笑い）。（女性）

洋上セミナーとか昔はあったんですね。そういうのがちょうどね、子どもが産まれた後のその、タイミングよく話があって、タイミングよくって言うか、まあ別に私が進んでそれをやろうとは思ってなかったんですけど（笑）、そういうお話し（注：洋上セミナーの引率教員）があって、まあ断れなかったのでそういうの行ったりしてたんですね。一回そういうのをすると、結構ね、色んなところから、また、「じゃあ開発委員はどうですか」とか「研究員はどうですか」とかって来るじゃないですか。（女性）

他にも、学校現場にいながら県教育委員会のなんらかの委員を引き受けたり、それらがきっかけとなってまた声をかけられたなどの語りがあった。これら対外的な役割や研修を経験したことが、管理職として必要となる対外折衝や予算編成、組織運営などの力量の形成につながっていたと思われる。また、こうした経験を通して広がる人的ネットワークがさらなる仕事を持ち込んでくることもうかがわれた。

ここまで見てきたように、「非行政系」キャリアの校長は、「行政系」の校長以上に管理職になることの見通しはなかった。しかし、校内での主任などの経験や、学校を超えた全国組織の運営を担うなどのさまざまな経験を通して、組織や予算に関する知識や実務、また人脈の形成等、管理職として必要となる力量を蓄積していた。こうして、力量があると見込まれて声をかけられ、さらにその力量をのばしていって管理職となっている。キャリア形成のプロセスは行政系と異なるものの、管理職になることを希望してしてもいないのに、結果として管理職になったという点においては、行政系と共通しているといえる。そして、「行政系」キャリアの校長と異なる経験ではあっても、学校現場で広い視野や組織のマネジメント、教育に関する経費や人事のあり方等も修得していたのである。

3 「一任」の連鎖としての校長

以上、インタビュー調査をもとに校長のキャリア形成を分析してきたが、最後に得られた知見をまとめていきたい。

まず、教職選択プロセスに注目してインプットを見たところ、校長たちは外的・内的環境と折り合いをつけつつ教職についていた。もちろん、教員免許状を取得していることから、職業選択としての教職がまったく視野に入っていなかったということではないが、必ずしも早くから教職だけをめざしていたわけではないことが示唆された。つまり、入職後のさまざまな経験やその蓄積によって形成された力量や人的ネットワークが、管理職へのキャリアとなっていたのである。

次に、スループットについては、そのキャリアを「行政系」「非行政系」に分けてみた。「行政系」キャリアの校長は、自ら管理職を強くめざしていたわけではなく、校長や指導主事等からの声がけを経て行政に異動していた。行政への異動時、あるいは異動後に選考を受けて管理職になった彼女ら／彼らは、教諭時代においても行政職においても、なんらかの仕事や役割など力量を発揮する機会を与えられ、それらを断らずに引き受けてきた。こうして行政への異動という「流れ」に乗せられていたが、それらの経験は彼女ら／彼ら自身の力量を育て、さらなる力量の発揮の機会や、管理職への見通しや覚悟を生み出す連鎖となっていることがうかがわれた。そしてまた、こうした経験を共有したり評価したりする人物との出会いが人的ネットワークを広げてもいた。

「非行政系」キャリアの校長もまた、管理職をめざしてはいなかった。見通しが立ちやすい行政経験がなかったことで、彼女ら／彼らは管理職への見通しや覚悟を生み出しにくい傾向が見られた。しかし、校内外において仕事や役割を与えられ、断らずにこなし、その過程でさまざまな力量を形成し、発揮してきたことが、管理職キャリアへとつながっていた。「行政系」キャリアの校長と同様に、人的ネットワークをも拡げてきたと思われる。

以上で見たように、校長たちは、教職を強くめざした者ばかりではなく、異動に関する希望を出していたわけでもなく、管理職になりたいという意思表示をしてきたわけでもなかった。彼女ら／彼らの語りから知ることができたのは、校長までのキャリアが「一任」の連鎖によって形成されたということである。そして、これは、行政への異動経験の有無にかかわらず、校長らがそのキャリア形成過程でとってきた行動様式である。このことは、「一任」の連鎖によって管理職を生み出すシステムが存在することを意味する。そして、行政経験の有無にかかわらず、「一任」されるに値する組織やマネジメント経験があったことが、明らかになった。

本章では、「一任」の連鎖で校長になっていくシステムを見てきたが、このシステムがうまく機能するには声がけをする側や「一任される側」にもかかっている。そこで、次章では「見定め」る側にも注目しながら、「一任システム」の実相を掘り下げていく。

注

(1) スループットとは、「学校」を所与のものとし、「インプット（家族的背景や社会化）」「アウトプット（教育的達成）」に関心を集中させていた従来の機能主義的な教育社会学に対し、実際のアウトプットは、スループットとしての学校組織内にあるメカニズムによって決定していると見る新しい教育社会学において用いられた概念。本書では、これを教員のキャリア形成にあてはめて使用している。

第三章　一任システムと見定め

田口久美子

前章では、校長へのキャリア形成が「一任」の連鎖によって行われていることを明らかにした。本章では、女性校長たちが「一任システム」に乗りながら校長への道を歩む過程を具体的な場面から描き出し、「一任システム」の実相を捉えていく。また、「一任システム」の機能のベースをなす校長の「見定め」について論じた上で、新たな管理職育成システムの進行に伴う教育の弊害について見通しをたて、進みつつある教育改革への警告を行う。

1　一任システムの実相

（1）一任システムによる女性管理職の登用

①一任システムによる校長への道

本節では、二〇〇八年九月～一一月、二〇一〇年一二月～二〇一二年三月[1]、二〇一一年四月～二〇一四年三月[2]、二〇一六年四月[3]の四期間にわたり公立高校女性校長[4]（退職者を含む）二四名にたいして行われたインタビューをもとに、一任システムの実相に迫ることを目的とする。分析に用いたインタビューの方法は、序章ですでに示したとおりである。ここでは、インタビューを文字化したスクリプトを用いて、校長へのキャリア形成における一任システムの実相を詳しく見ていく。

インタビューに協力してくれた二四名の校長たちのうち、「自ら進んで管理職になった」「管理職をめざしていた」と話す校長は一人もいなかった。事前に行った「管理職をめざすようになったきっかけ」についてのアンケート調査の記述においても、空欄もしくは「特になし」という回答がほとんどであった。また、管理職になる前の、教員時代の異動への希望においても同様の傾向が見られている（河野ほか 2013）。

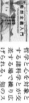

国際立憲主義への軌跡
篠田英朗

批判、侮蔑、無視、再解釈……あらゆる挑戦を受けてきた「国家主権」という思想。その起源と展開を追い、現在のすがたを照らし出す。

四六判上製 360 頁　本体 3300 円
ISBN978-4-326-35160-2　1 版 2 刷

経済学入門
ジュセッペ・アルビア 著
堤 盛人 監訳

21世紀の計量分析における新たな潮流として注目される、計量経済学の主流となりつつある、空間計量経済学に関する初の本格的入門書。

A5 判上製 272 頁　本体 4000 円
ISBN978-4-326-50425-1　1 版 2 刷

ネットワーク・ミュージッキング
「参照の時代」の音楽文化
井手口彰典

脱「モノ」化する世界の音楽実践、「ネットワーク・ミュージッキング」とは。音楽に対する欲望の変質を社会と技術の相互作用を焦点に描く。

四六判上製 276 頁　本体 2600 円
ISBN978-4-326-69863-9　1 版 2 刷

読売新聞（9月3日）書評掲載

自然主義入門

知識・道徳・人間本性をめぐる現代哲学ツアー

植原 亮

哲学と心を対象とする諸科学とが交差する場で繰り広げられる、知のスペクタクルの最前線へ！　自然主義からの眺望を示す初めての入門書。

好評２刷

四六判上製320頁
本体2800円
ISBN978-4-326-15448-7

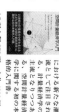

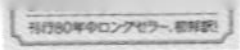

ISBN978-4-326-25121-6

ISBN978-4-326-25122-3

官僚制改革の条件
新制度論による日英比較

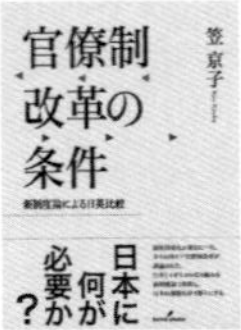

笠 京子

何が改革の成否を左右するのか？　そもそも良い官僚制とは？　日本とイギリスを新制度論の観点から比較し、日本の課題を明らかにする。

A5 判上製 308 頁　本体 4000 円

ISBN978-4-326-30259-8

ファッションロー

角田政芳・関 真也 著

ファッションビジネスの拡大と変容に伴って近年大きく注目されているファッション・ローに関する本邦初の体系的な解説書。

A5 判並製 312 頁　本体 3800 円

ISBN978-4-326-40336-3

ODA の終焉
機能主義的開発援助の勧め

浅沼信爾・小浜裕久 著

ODA（政府開発援助）は役割を終えたのか、ODAの実態に迫る。長年開発援助に関わってきた二人の著者によるODA批判と再構築論。

A5 判上製 244 頁　本体 3200 円

ISBN978-4-326-50440-4

現代メディア・イベント論
パブリック・ビューイングからゲーム実況まで

飯田 豊・立石祥子 編著

マス・コミュニケーションの祝祭から、情報メディアが多重的に媒介する〈生〉の集合体験へ。グローバル時代におけるイベントの諸相。

四六判上製 288 頁　本体 3000 円

ISBN978-4-326-65410-9

インタビュー協力者たちが校長として在職していた時期は、本書が検討課題としている新たな管理職育成システムの制度化前である。実際の管理職登用方法については都道府県ごとに特徴があり、以前から新システムに近い方法がとられていることもあれば、まったくその逆という地域もある。今回のインタビュー協力者は多くの都道府県にまたがること、年代も多様であることから、個々の校長の管理職へのキャリア形成にかかる各都道府県の登用制度を詳細に調べることは困難であったが、アンケートやインタビュー内容から推し量ることができる。二四名のうち、試験制度により管理職の受験をした校長は、一一名、いわゆる公募制による試験制度はまだなかったが、面接と論文等により校長になったのは八名、不明は五名であった。(5)

これらのすべての校長に共通していたのは、すでに述べたとおり、自ら手を挙げて管理職になりたいという意向を申し出た校長はいなかったという点である。そうではなく、教育上の実績を評価され、教頭や学校管理職相当行政職あるいは、将来の管理職への水路づけとなる行政職（たとえば指導主事）などに推薦され、断り切れずに「一任します」という形で校長への道を歩み始めていた。C先生とN先生の例を見てみよう。

たとえば、C先生（二〇〇六年、五四歳で校長就任）は勤め始めて一二年目に、将来は管理職への登竜門となる教育センターへの異動を打診されている。二校目の勤務校となる高校で一〇年間たっていたが、結婚し子どもを二人育てていたこともあり、異動はまだないと思っていたという。夫の母と同居とはいえ、幼い子どもを二人抱え、将来の管理職候補と目される行政職への異動は、C先生には寝耳に水であった。断ったらどうなるのかとおそるおそる尋ねたところ、やめるしかないと校長にいわれたという。そして家族と相談した次の日に、「わかりました」と返事をしている。

また、N先生（二〇〇七年、五四歳で校長就任）も、管理職への打診があったとき、引き受ける意思はまったくなかったという。しかし、その年に退職が決まっていた校長から、「最後のお願いだと思って聞いてくれ」といわれ、断ることができずに教頭試験を受けたと語っている。

インタビューに応じた女性校長たちは、都道府県による管理職登用制度（試験制度の有無を含む）のいかんにかかわらず、校長による管理職への声がけにたいし、積極的に引き受けるというよりも、「校長に一任します」という形で管理職への道を進んでいた。このように、一任の連鎖により結果として校長へのキャリアを形成していくシステムをわれわれは「一任システム」と名づけた（高野ほか 2013）。

それでは、自ら進んで管理職への道を歩んでいたわけではなかった女性校長たちは、いかにして校長への道を歩むようになったのであろうか。以下では、改革が進行中の管理職育成システムについて述べ、それと対照させながら、彼女たちが校長へのキャリア形成を成就した時代の管理職登用制度の概要を確認しておきたい。

②学校教育法改正（二〇〇七年）を契機とする管理職育成システムの変更

まず、現在進められている管理職育成システムについて述べる。二〇一二年八月に出された中教審答申[6]『教職生活の全体を通じた教員の資質能力の総合的な向上方策について』において、管理職とその育成プロセスの制度化に向けて検討が始まった（木村ほか 2014）のは記憶に新しい。答申では、「マネジメント力を身につけるための管理職としての職能開発のシステム化」がうたわれ、「マネジメントに長けた管理職を幅広く登用する」こと、その際「管理職だけでなく、管理職候補者である主幹教諭を対象とした研修を重視する」ことが強調されている。さらに、管理職育成プログラムの充実や管理職選考方法のよりいっそうの改善を求めている。

たとえば、横浜市教育委員会[7]では、二〇一五年三月に、「教員育成指標に基づく教員研修体系の例」として、「平成二七年度『教員のキャリアステージ』に応じた教員研修体系」を明示し、ステージに応じ、児童生徒指導・授業力・マネジメント力・連携／協働力などの教職専門性をレベルアップさせていく研修のロードマップを作成している。

この答申に先立ち、教育基本法改正に伴う学校教育法改正において、答申の潮流を確認することができる。すなわち、二〇〇七年六月の同法改正において、小学校・中学校・高等学校・中等教育学校に、副校長、主幹教諭、指導教諭を置くことができることが明記された。また副校長ならびに主幹教諭、指導教諭について、「校長のリーダーシップの下、組織的・機動的な学校運営がおこなわれる」（文部科学省 2007）ことを目的としていることが明らかにされている。

こうして、学校教育法改正を大きな契機として[8]、副校長・主幹教諭・指導教諭などの設置が認められ、新たな管理職育成システムの土壌をなしていくこととなる。

③主幹教諭制度導入以前のプレ管理職期

翻ってインタビュー協力者の女性校長たちが教員だった時代、教員たちはどのようにして管理職になっていたのだろうか。そこには、われわれが「一任システム」と名づけた教員たちの文化様式が機能していた。彼女たちは自発的に管理職になる気がなかったとはいえ、教科指導や生徒指導での実績を上げながら、その教育力が校長や教育委員会の目に留まり、評価を得て、主任（学年・生徒指導・教務など）経験や管理職研修への参加、行政職への異動などを果たしながら、それぞれの場で多様な経験をし、教育力・指導力をさらに積み上げ、管理職への道を歩んでいくことになった。

彼女たちのキャリア形成において特に注目すべきは、女性校長たちがプレ管理職期の時代、「主幹教諭」はまだ設置されていなかったという点である。事前のアンケート調査によっても、「主幹」教諭を経験したインタビュー協力者はいなかった。ただ、二名については、「副校長」という新たな職に就いたのちに校長に就任している。つまり、キャリア形成上にプレ管理職期と想定できる時期はあっても、それは「主幹教諭」等の職位として見える形にはなっていなかった。

（2）主幹制度導入以前にプレ管理職期を過ごした校長たちの語りから見る一任システム

それでは、主幹制度の運用が始まる前にプレ管理職期を過ごし、校長になった女性教員たちはどのようにしてそのキャリアを形成したのだろうか。キャリア形成を支えた一任システムの実相とはいかなるものであったのか、インタビューでの語りから拾い上げていきたい。

①都道府県の独自の事情と個々のキャリアの接合

R先生の事例を紹介しよう。管理職への直接の契機となった高校改革の会議のメンバーに、校長ではなく同僚の教諭から誘われたというR先生は、「底辺校」からの脱却をめざし、校長に働きかけて大学の指定校推薦を取りつけたり、丁寧な小論文の指導により生徒の学力定着をはかるなど、校内で実績を上げていた。真に教育や学校をよくするために、本音で議論をぶつけ合う民主的な会議の進め方に触発され、大いに刺激を受けて学習を重ね、高校改革の会議の副委員長に就き、校長の薦めにより管理職へのルートが引いてある研修に参加し、教頭・校長を歴任することになる。学校管理職の登竜門と目される主任経験も行政経験もないR先生（二〇〇五年、五四歳で校長就任）は、生徒思いで独自の進路指導や教科指導により教育力を高め対外的にも実績を伸ばしていたところで同僚による誘いから高校改革の会議を経て校長に見出され、研修へと導かれ、教頭・校長へとキャリアアップの道をたどるのである。

（エピソード1）

今は、主幹制度ですかね。それがあの始まりましたので、主幹をやって、（中略）教頭をやって、（中略）副校長をやって、そして校長になるという（中略）その順を追っていかないといけないってことで、今の制度だったら私はならなかっただろうなっていう風に思いました。

結婚を機に転居し、教員採用試験を受け直し、二回目の教職生活で校長になったR先生のキャリア形成は、けっして順風満帆ではなかった。会社員である夫からは家事・育児のサポートを受けられず、二人の子どもの子育てに翻弄され、思春期を迎えた次女の不登校に悩み、一時は教員を続けることをあきらめようとしたこともあったが、当時の教頭（男性）に、担任を降りても教諭は続けるように勧められた経緯がある。自分の子どもたちの成長を機に、県の独自の課題（高校改革）と自らの子育て経験が折り合い、同僚や校長の見定めが功を奏し、研修による研鑽を経て校長へのキャリアアップへと結実している。また、この時の高校改革は、いわゆる普通科高校になじめない子どもの学びや登校への意欲をいかに高めるかという課題を内包するものであり、R先生の、「こういう高校に次女を通わせたい」という自らの子育てからにじみ出た高校像への思いを、高校改革に重ね合わせていた。

こうして見ると、主幹教諭制度導入以前の一任システムは、結婚や子育て、介護など個々の多様な経験を基盤にしながら、管理職への道が拓かれていたことがわかる。また、当時の管理職養成は、都道府県独自のさまざまな事情（高校の統廃合に伴う新校設立、学力向上など）と、個々の教員の多様なキャリア（結婚による退職と採用試験の受け直し、家事・育児を引き受けながら教職を続けることなど）を複合的に接合させていく機能を兼ね備えていた。前章で見たように、一任システムは、教員の多彩な人生のキャリアの尊重と個々の都道府県の独自の教育上の要請とが接合し、個性あふれる校長の輩出を可能にしていたのである。R先生においては、試験制度が始まる以前の管理職就任という事情が手伝っていたことも重要である。

人の生涯をいくつかのステージに分け、発達課題をもうけ、その課題をクリアしながら次のステップに向かって人生を歩んでいくという捉え方は、発達心理学においてよく見られる手法である。たとえば八つのライフステージでの心理・社会的危機の葛藤を克服しながら、自我が統合され人格が高められていくというライフサイクル理論（Erikson 1959）はよく知られており、人びとの生涯発達を理解する理論として日本でも有名である。着目すべきは、エリクソンも指摘するように、生涯発達においては、各段階特有の人格的要素がその段階にだけ活性化するのではない点である。たとえば、初任期にあたる青年期は、アイデンティティの要素が優勢になることは当然であるが、教師という仕事の性格上、二段階先の「世代性＝世話をする」という要素も必然的に請け負うこととなる。青年期の若い教師たちの葛藤は、当該段階に優勢なアイデンティティの葛藤に加え、「世話をする」という飛び級的な課題も含んでいる。また、一般的に、家庭を持ち子育てをしながらプレ管理職期への段階に入ろうとする成年期において、自らの子育てと目の前の生徒たちの教育を重ね合わせ（「世話をする」要素における葛藤）、これからのキャリア形成に悩む姿は、青年期に優勢なアイデンティティの葛藤の様相を呈している。このように人生のどの段階においても、八つの要素は人格に埋め込まれ、個々の段階でさまざまな様相を示す。

現在示されている管理職育成システムは、ライフステージごとにマイルストーンを設け、それを達成しながら次に進むというステレオタイプのキャリア設計であるが、このシステムは個々の教員の多様な人生という点のみならず、発達心理学の理論からも見直しの要請を提供しうる。

②校長の先見性に導かれた柔軟な管理職登用

自らが専門とする教科に関して、県の大会や全国大会などをとおして実績を積み、教科の専門性の高さが校長や都道府県に認められ、管理職への道を進んだ校長たちも多かった。中でも家庭科は、男女共修開始（一九九四年）という高校教育の大きな転換期にあたり、多くの教員（当時は女性）が教育課程をはじめとした改革に奔走しながら力をつけ、内外で教師としての力量を認められていくことになる。M先生（二〇〇九年、五五歳で校長就任）は、男女共修以前の一九八〇年代当時まだ普及していなかった、パソコンを使った教材づくりを通して県内の耳目を集めたことが、管理職への契機となったと振り返る。

（エピソード2）

校長の先見性っていうことなのでしょうか。「なんかやって（県の研究指定を受けて）みないか」っていうことで、「あ、じゃあ、やりましょう」っていうのでスタートしました。CAI（Computer Assisted Instruction）室って部屋があったんですけど、その部屋が、16βっていうパソコン入れてもらったんだけど、校長としてはですね、そういうのを使って、家庭科でも、こうやって大いに活用しているということと、（中略）設備施設の充実を図りたいという願いもあられたと思うんですね。

当時はかなり高額であったパソコンを私費で購入し、ゼロからプログラムを構築し、献立やカロリー計算のソフトを作り上げ、成果を発表した研究大会では、教育長をはじめ、県内の行政職や家庭科教員を集めて大成功をおさめた。その後も同じ高校で学科再編の仕事に尽力したM先生は、自らの家庭科の技能を高めるべく、調理師免許の資格取得を目的に「研修」を申請した。ところが、県からの命令は、有無を言わさず「大学院に行かせる」というものだったという。調理師免許取得への夢をかなえたかったM先生であったが、「それもおもしろいかも」と大学院に進むことになる。大学院での専門性の醸成は、その後の県や国の行政職の経験とあいまって、管理職へと導かれていくことになる。

M先生の場合、教科における専門的な能力を早期から校長に見定められており、確かな見定めが、ＩＴ教材の開発という時流に合致した県の大会での発表へと高められ、能力の醸成へとつながっている。M先生の教育上の能力を早期に見定めた校長は、M先生の教科の専門性の向上にとどまらせず、有無を言わさぬ大学院進学という形での研修を命じ、管理職というより広い教職の専門性に発展するキャリア形成へと導いたのである。その後、M先生は、中央省庁への出向などを経て、行政職での教頭待遇、校長待遇を経て校長に就任する。また、M先生は、R先生と同じく家庭の事情により一度教職を退職し、別の都道府県の採用試験を受け直した経緯がある。校長による見定めは、二回目の教職生活においてである。

二回目の教職生活といういわばイレギュラーなキャリアを形成している場合であっても、能力と意欲と先見性に富んだ教員であれば、将来性を見込まれ、一任システムに乗りながら、校長への道が拓かれていた時代があったことを示唆するケースである。

現実問題として、女性教員の中には、結婚や子育てなどによりいったんは教職を退くケースもあるだろう。ましてや「主幹」教諭を起点として、いくつものマイルストーンをクリアしながら、段階（年齢）ごとにステップアップしていくことを主眼とする新たな管理職養成制度は、多様な人生経験を経た女性たちのキャリアアップに大きな障壁として立ちはだかることが想定される。

管理職任用試験制度はすでに始まっていたにもかかわらず、校長に抜擢されたというM先生の管理職登用は、固定的なステージアップに準じるのではなく、夫の転勤や子育てなどを引き受けざるを得ない女性たちのキャリアを尊重したものと見ることができる。同時にこの時代は、各都道府県において独自の登用が自律的に行われる土壌があったことをうかがわせる。多様な人生を生きる女性教員のキャリア形成において、個々の都道府県による柔軟な対応も功を奏したといえるだろう。

2　一任システムと見定め

前節で見たように、教科の指導力において特に成果を上げていたM先生の校長へのキャリア形成は、その力量を見定め、次なる機会を与えた校長の存在が大きい。そこで、本節では、管理職登用における見定めについて考察を行っていく。

一般的に仕事において、上司が部下の能力や人柄を見定めることは、仕事の効率や生産性を高める場合に重要である。一方学校教育においては、教師の資質を見定め、教員評価や教員の管理職登用への推薦をするにあたり、生産性や効率を高めるという視点ではなく、教育の目的（人格の完成）に鑑み、いかに子どもたちの人格形成に資する教育を展開できるのかという点が最も重要になる。また学校経営という広い視野にたって、子どもや教師集団をまとめ上げ、組織的に地域や家庭、周囲の学校等との調整を図っていく必要がある。学校管理職の見定めは、このように、個々の子どもの健全育成や豊かな教育の充実において大変重要な事項である。

一任システムを背景に優秀な女性校長が輩出されていたことはすでに述べたとおりである。本節では、一任システムにおける見定めの実態や機能を論じた上で、新たな管理職育成システムでの見定めの在り方について論じる。

（1）一任システムと見定め

一任システムが機能することは、何を意味しているだろうか。

一つには、校長の意向には逆らえないという上意下達の風潮が教員世界に存在することを意味する。とりわけ二〇〇七年の学校教育法改訂以前の学校組織はいわゆる鍋蓋組織であり、「校長（管理職）」と「教員」の間の線引きは色濃く残っており、校長の言うことには逆らえないという暗黙の常識が教員たちの意識に働いていたことが推測される。前節においても、校長には逆らえないという暗黙の了解により、管理職の道を歩み始めた女性たちのエピソードを紹介した。

だが、はたしてそれだけだろうか。「校長や教育委員会には逆らえない」という上意下達の教員文化があるとはいえ、インタビュー協力者が教員として学校に勤めていた時代、公立高校の女性管理職はごくわずかであった時代に、女性教員が管理職の薦めを受け入れていくには相当な覚悟が必要だったのではないだろうか。

もちろん、相当な覚悟が必要だったのは、女性校長の方だけではあるまい。女性校長がまだ少なかった時代に、男性校長が女性教員に管理職への道を薦めることも、かなり思い切った決断であったことは想像に難くない。N先生は、「管理職を受けてみないか」という校長の薦めにたいし、「薦めを受けないと絶対に許さないぞ！」くらいにかなり強引に説得され、背中を押してもらわないと応じられないほど管理職の責任が重いと語った。そして、「この校長に薦められて、（登用した校長が）悪かったって言われたら、……」と笑って話した。薦めを受ける方も薦めを決断する方も、双方とも相当の覚悟が必要であったことをうかがわせるエピソードである。このように、一任システムが機能するためには、双方が覚悟を共有していたことがうかがわれる。

それでは、一任に委ねつつも管理職に導かれていくプロセスとはどのようなものであろうか。女性教員たちが揺らぎながら、校長らの見定めを受け入れていく経緯を見ていく。

①見定めの肯定的な受け入れとキャリア形成

管理職登用が公募制ではなかった時代に、校長から管理職試験を受けるよう推薦されたV先生（二〇一〇年、五四歳で校長就任）は、校長から声がけがあった時の心境を次のように語っている。

（エピソード3）

あのう、全く考えていなかったんですけども。そういう声をかけていただいて、男女共同参画を実現するために、自分が努力してきましたので、それを実現していくには、自分に声がかかった時に、やはり引き受けていかなきゃいけないんじゃないかと思ったんです。

そして、県の女性管理職の状況に鑑み、自分への声がけをポジティブ・アクションだったと捉えている。

一方、自己のキャリアを他の教員と相対化しながら、このまま学校で一教師として続けていくのか、それとも行政を経て管理職への道をたどるのかについて悩み、自分のキャリアが見えなくなっていた時に、中央研修への声がけを受けたH先生（二〇〇九年、五五歳で校長就任）は、次のように語っている。

（エピソード4）
これは行きたいなあと手を挙げたんじゃなくて、申し込んだらどうかというお声をいただいて、それで申し込みました。

さらに教頭面接を校長から指示された時に、それより前に仕えていた校長からの申し渡しによって見通しをつけていたことにより、受け入れに前向きだったことを示唆している。

（エピソード5）

あなたはいずれ教頭になると思うから、そういう面接を受けに来る時があるよと。（中略）次あなたが受ける時にそのことを注意してくれるかどうかわからないので、退職前にね、教えておくからね、とおっしゃった。

男性とは異なり、縦横のつながりや将来管理職をめざすネットワークが乏しく、また女性管理職が少ない状況で、以前申し渡された校長（男性）からの一言が管理職への道の後押しになったと振り返る。まだ登用試験が制度化されていなかった状況において、男性校長による見定めは、管理職の資質の評価や見極めに加え、女性に管理職への道を拓き、躊躇している彼女たちを後押しする機能をも含んでいたのである。そしてこの見定めこそが、「一任」の連鎖による校長へのキャリア形成を成立させていたといえる。

②見定めの受け入れと葛藤

他方、管理職への道を薦められた女性教員がすべて肯定的にそのキャリアを受け入れていたかといえば、そうではないケースも多々見られる。

現場で教員として生涯を過ごすことを望んでいたX先生（二〇一〇年、五六歳で校長就任）は、教頭への打診があった際、当時女性教頭が出始めていた時期でもあったため、「仕方がない」

と覚悟はしていたものの、下記のように語っている。

（エピソード6）

授業ができなくなるなあというのが、一番嫌だなっと思ったのがそこでしたね。授業ができなくなるかなあって思って。

授業ができなくなることを否定的に受け止める一方、何をするのか、どういう立場で仕事をするのか、というより、置かれた立場で何をするかということが大事だと語る。

（エピソード7）

私自身の希望を出したことは一回もありません。はい。上司に一任。ですから、まあ、言われたところに行けばいいいし、その時に家族のことを考えればいいしと、いうことできました。

（エピソード8）

一晩考えても、引き受けないといけないんだったら、ま、かっこうつけることはない。仕方がない。校長がそういう時は、もう決まったことなんだろうと思って。

こうして、本当はずっと生徒と向き合って学習指導や担任をしたい気持ちがあるにもかかわらず、上司（校長）の一任に委ねる形で、管理職への水路と目される生徒指導主任を引き受けることになる（エピソード7、8）。その校長が退職した後も、「あの時、あんたが引き受けてくれたから」と語り草となっているエピソードであることを明かすのである。

X先生の語りから見えてくるのは、生徒に教えるのが好きで、一生涯生徒とともに教師として生きていきたいという気持ちがあっても、校長への一任という形をとりつつ、与えられた場で仕事をしっかりとしていくという強い信念が支えとなって、管理職への道を歩み続ける姿である。

ここには、「生徒と向き合い担任をして教え続けること」（〈teaching〉）と「管理職」が対局であるとの認識が見られる。また、「管理職」への道が、上司への一任により拓かれていく過程には、職務への選好ではなく、「自分が一任された仕事」を自らの務めとして受け容れる強い意志が働いている。そしてその強い意志は校長への信頼・尊敬と、校長による「確かな見定め」との相互作用により生成されたのである。

(2) 一任システムにおける見定めの機能

①見定めによる、評価力・教育力・後継性の醸成

校長による見定めの最たる目的は、有能で意欲あふれる教員のすくい上げであるが、それ以

外に教育全体においていかなる機能を果たしているのだろうか。これまで抽出したエピソードを含め、校長たちの語りから拾い上げてみたい。

エピソード2は、校長の先見性によるパソコンを用いた教材作成が契機となり、教員が力量をつけていった経緯を示している。校長による教員の確かな見定め（この教員ならばやってくれるのではないか）と、新たな時代の教育への確信が、研究大会の成功へと導かれている。校長の〝成功体験〟が、教師を見定める（評価）力をさらに高めたことは、M先生が希望していた調理師免許ではなく、有無を言わさぬ形での大学院進学の命令という経緯にあらわれている。その後中央官庁での行政経験など多様な力を形成し、相乗的にM先生の力量も高められ、校長着任という形で校長の後継性が成就している。

また、エピソード3での、「自分に声がかかった時に、やはり引き受けていかなきゃいけないんじゃないか」という思い、エピソード5での「いずれ面接を受ける時が来るから」という校長からの申し渡しによる将来への見通しへの覚悟は、校長の後継性の醸成に深くかかわっている。

このように、校長による教員たちの見定めの機能は、単に管理職候補者のピックアップ（すくい上げ）にとどまっているわけではない。教員たちの教科指導力、新しい時代を見据えた教材作成、荒れた子どもたちの心に寄り添い生徒たちを導く生徒指導力、底辺校の座を押し上げるための大学入試指定校推薦枠の獲得というバイタリティあふれる進路指導の力など、教育にかかわる広汎な力量を見定める力は、翻って教員たちの教育力をさらに高める可能性をはらんでいた。また、教員たちの教科指導・生徒指導・進路指導などでの力量形成は、管理職や校長になるためではなく、ましてや、そのための数値目標やマイルストーンを達成するためではなく、ひとえに子どものため、教育や学校をよくするための自律的な教育活動であった。外部によるインセンティブではなく、あくまで自主的・自律的な教育活動による力量形成であったことは重要である。こうした「教える」という仕事の根幹において発揮される力量を校長が見定め、さらに教育が洗練され、生徒たちの発達や学校によい影響をもたらす、という教育におけるサイクルは、校長・教員・生徒の間での複雑な相互作用を織りなしながら、ひいては校長の評価力・教育力を高め、校長から教員への後継性をも醸成していくことになる。

②教育の充実――校長としての力量の発揮（後継性の醸成）

教員の確かな教育力・指導力と校長・教員の信頼関係に裏打ちされた「見定めと一任」により、力量をつけ管理職へとキャリアアップした校長たちは、赴任した学校でどのように教育を洗練し、後継性を醸成していったのだろうか。

県の国際化の促進という方針を受けてM先生は、校長として赴任した高校の生徒たちを海外に派遣する計画を立てたのだが、乏しい予算を前に、主任の女性教員たちが自費で海外の実地踏査をすることになったと楽しそうに語った。プレ管理職期に自費でパソコンを購入し、一から教材を作り上げたM先生のバイタリティや教育力は、赴任先の高校で見事に女性教員たちに引き継がれている。

校長となって赴任した学校で、〝ジベタリアン〟（数人で地べたに座り込んでたむろする若者たち）や緑色の髪の毛の生徒たち、遅刻者や成績不振者の多さなどを目にして、生徒たちが親や周囲の大人たちから面倒をみてもらっていないと感じたR先生は、教師の遅刻が元凶であることに気づく。そして、教師の遅刻を減らすことで生徒の遅刻を減少させ、野放しだった携帯電話の使用を、保護者とも連絡を取りながら厳しく指導したところ、問題行動がいっぺんになくなったという。また、高校改革でともに切磋琢磨した教員が、赴任高校で管理職となっていて、生徒や教員たちの問題行動の軽減に力を貸してくれたと語る。

教員時代に校長の見定めや同僚からの声がけによって一任システムに乗りながら校長となった女性校長たちは、今度は自らが教員たちの見定めをし、教員たちへの教育を果たしながら結果的に子どもたちの発達を促進する教育を実現している。後続の教員たちへの後継性の醸成も明らかである。

3　新たな管理職育成システムと見定め——教育への影響

（1）旧来的な一任システムのメリット・デメリット

　ここまで見てきたとおり、旧来的な教員の文化様式に埋め込まれた一任システムは、各都道府県での登用制度のいかんにかかわらず、多様なキャリアを積んだ女性教員の力を見出し、管理職へと引き上げる機能を有していた。一方で一任システムにもデメリットがあった。二つのデメリットを見ておこう。

　一つはすでに述べたように、一任システムが、家庭責任の調整を教員個人に求める形で機能していた点である（河野ほか 2013）。一任システムに乗れた子どもを持つ女性校長の多くは、義理の母や実母と同居しており、家事や育児の負担を軽減することができていた。こうした資源がない場合の苦労は計り知れない。T先生（二〇〇八年、五五歳で校長就任）は、第二子が生まれた後も仕事で忙しい夫に家事・育児を期待できず、子どもが病気になって保育園に預けられない時など、途方に暮れたという。しかし、「時給八〇〇円で家事手伝いできる人」という募集のチラシを作ってマンションのポストに投函し、一日二時間で家事をやってもらったと振り返る。同様にR先生も、夫の家事・育児への協力を望めなかったため、子どもが高熱を出した時には実母が新幹線で駆けつけてくれたり、近隣の方に助けられたりしたという。家事・育児・介護の負担が重く一方の性（＝女性）にのしかかっている状況下で、一任システムは、それらが調整可能な女性教員たちの力量を高め管理職へのキャリア形成を実現させてきた。その点で、どんなに手を尽くしてもそれらの資源が得られない女性が一任システムに乗ることは難しく、力量や意欲があっても管理職へのキャリアが見えない女性教員も存在したと考えられる。

二つ目は、公募制ではなかった一任システムにおいては、能力のある教員の抜擢の陰に、チャンスの不平等さをはらんでいた面は払拭できない。インタビューでは聞かれなかったが（あたり前だが）、こうしたシステムは、ともすれば閉鎖的になりやすく、一つ間違えば情実人事といわれかねない事態が起こる危うさを併せ持つ。したがって、「一任システム」においては、そうした負の面のコントロールをも可能とする自律性が教員文化の中に保たれることが肝要である。負の連鎖を止められずに事件として明るみになるたびに、開放的で透明で公正な制度への期待が高まることは自明である。

それでは、今まさに進みつつある「見える化」を基調とする新たな管理職育成のシステムへの移行は、一任システムに代わる優れたシステムといえるのだろうか。今後の教育全体において派生する問題はないのだろうか。

(2) 新たな管理職育成システムの問題点──評価・教育の側面から

①評価における数値化、チェックリスト化の弊害

新たな管理職育成システムのキーワードは、数値化と「見える化」である。関連して、新たな登用制度では、よい管理職（よい校長）になるためのマイルストーンが設定されていることから、マイルストーンの到達状況もチェックリストで確認することになる可能性が高い。

だが、数値やチェックリストによるデータは、教員の教育活動の評価においてどれだけ有効なのだろうか。いじめの有無（件数）、有名校への進学実績、研究授業を行った回数、研修を受けた回数、ステージごとの目標の到達状況などの数値やチェックリストは確かにわかりやすい指標である。しかしながら、子どもと教員との生身の相互的な営みである教育活動において、数値はその活動の一局面の抽象化にすぎない。一人ひとりの教師の教育実践は、子どもたちとのかけがえのない、唯一無二の教育の営みであるゆえに、数値化は、多様で個性的な教育活動をいっきょに平板化してしまうのではないか。数値化による見定めは、個性あふれる教師たちと、一人として同じ子どもはいない多様な子どもたちとの無限に多彩な教育のありようを、数値のもとに一元化してしまう恐れがある。

三重県で二〇〇六年から全県で導入されている「学校経営品質」についての校長インタビューでの、「教育活動は子どもの遅刻者数をゼロにとか保護者参観の出席率とその達成度といったように、数字であらわせられるものばかりではない。今子どもたちはこういう問題を抱えている、こんな子どもに育ってほしい、だから今こうしよう、というのがあるだけです。それってパーセントじゃないですよね」（織田 2013: 379）という語りから読みとれることは、何だろうか。数値化による見定めが、個性あふれる教師たちと多様な子どもたちとの多彩な教育のありようを、数値のもとに一元化してしまうばかりか、本来の教育の目標を見えにくくするという皮肉な事態を招いているのではないだろうか。いわば、数値化による「見える化」は、肝心の教育目標を「見えなくする」という倒錯性をはらんでいるのである。

数値やチェックリストに依存しすぎるアセスメントの弊害は、心理臨床や発達臨床の場面からも指摘されている。たとえば、田口（2012）は、発達年齢や診断名をはじめとする客観的な指標へのとらわれにより、子どもの発達の内実を見失う可能性を示唆している。子どもの生活の中に、発達の問題は見据えられなければならない。同様に、校長による見定めの対象は、教師と子どもの間で豊かに繰り広げられる日々の教育活動そのものに向けられなければならない。

②評価力（見定め力）の低下と後継者育成における問題

数値やチェックリストに頼る評価の横行は、教育においていかなる事態を引き起こすだろうか。チェックリストにより評価基準が決まっているということは、逆説的にはその評価基準に沿って、人格や教育方法が型はめされていく危険性をはらんでいる。こうしてチェックリストや数値に依存する教育は「設定しやすい目標を無理やり設定」し、「自分たちが達成できそうな目標を設定する」（織田 2013: 379）という教育に帰結し、教員や子どもの個性ならびに発達可能性を封じ込め、型にはまった教員・型にはまった子ども、考えない教師・考えない子どもを増やす恐れがある。

それだけではない。数値やチェックリストに頼る評価の慣行は、自律的に、また多面的に教員を評価する能力を開発することができず、結果的に校長の見定め力を低下させることが予想される。学校のリーダーシップを牽引する校長の見定め力が低下すれば、チェックリストの網の目にかからない、多様な人生経験を積み資質に富んだ教員の力量を見出し、管理職への見通しをつけさせたり背中を押すことは不可能に近い。

こうして、新たな管理職育成システムでは、多様なキャリア・能力のある教員を見定めることができないだけではなく、校長の見定め力、すなわち教員を評価する力をも押しとどめてしまうだろう。「教育というものは数値化できないし、したらだめだと思っています。抽象的な評価しかできない。我々管理職は、その抽象的な評価をできる人がならなければならない」(織田 2013: 379) という校長の言葉には、数値による評価に頼る管理職育成への懸念が感じられる。

つまるところ、教員を評価する力、すなわち見定め力を持ちえない校長が、後継者を育成できるだろうか。答えはNOである。教育の内実を見ようとせず、教師を特定の数値によって平板化してしまう〝見定め〟では、エピソード5やエピソード8に示すような、後継性は醸成されない。生身の教師と子どもとの営みである教育活動への自律的・多面的な評価を抜きにして、教育への共感性が湧き起こる余地はないし、ましてや、校長と教師との相互の信頼関係も醸成されないであろう。

数値やチェックリストの記入に翻弄される校長は、結局どこを向いているのか。答えは明快である。子どもではなく教師、おとなの方を見ており、権力を向いてしまう教育につき進む懸念すらありうる。

③教育への警鐘

このことは、現在進行中の管理職養成システム改革に限ったことではなく、教育のあらゆる局面において進んでいる。その典型例は、全国学力テストやいじめ件数などの都道府県ごとの順位づけである。全国学力テストの再開に際し、文部科学省は当初、市町村別の結果の公表には慎重な姿勢を示していたが、(9) 二〇一三年一一月には教育委員会の同意を得て公表可と柔軟な態度へと転換した。こうした背景には、同年九月、静岡県の川勝平太知事が教育委員会の同意を得ず、県のホームページ(10)に国語Aの得点が全国平均値以上の小学校長名を公表した〝事件〟をはじめとする、都道府県からの公表の要請があることは明らかである。

公表により、子どもたちや保護者、教師たちの心や誇りが傷つけられたことは、自分の学校の校長名が公表されなかったことにたいし、校長に泣きながら謝った児童の報道（NHK 2014）からも明らかである。県知事の非教育的・非人道的な独断に、驚きを越えて憤りを禁じえない。全国学力テストの実施の是非に関する議論は紙幅の都合上差し控えるが、重要なことは、教師や校長が子どもたちの学力の実態を、誤答や空欄などに対して教育的な視点から評価し、自らの指導に反映させ、子どもの学力の定着を図ることにある。

数値化はこうしてあらゆる教育活動の相対化に与し、最終的に学校は、数値目標の設定やその到達に四苦八苦することになる。そこにあるのは、子ども一人ひとりの学力の定着をはじめとする、子どもの人格の重要な側面の発達や陶冶という教育への希望ではなく、他の学校、他の県、全国などの、「自らの学校」と分断された「他」との相対的な比較において上位に位置するということへの渇望に他ならない。

そもそも数値の向上という目的そのものが、真の教育の目的に鑑み検討されなければならない。教育の内実や子どもや教員の人格、社会的・教育的状況などと切り離された数値の一人歩きは、相対的な布置以外の意味を持ちえない。相対的な数値に埋没する限りは、真に子どもの発達に与する教育は絶望的である。子どもや教員がいかに努力して発達を遂げようとも、永遠に相対的な位置から逃れられない運命にあるからである。

このように、今日、教育全体が、子どもの発達に向けられるのではなく、国や都道府県、地域での相対的な位置、すなわち、おとなにとって大事な指標に向いている実態がある。教育が、子どもの利益ではなく、おとなの利益に、すなわち子どもの権利ではなく権威に向かう実態がある。保護者もまた、市場原理の中で教育の消費者と化して、この流れに加担している。言い換えれば、子ども不在の教育に等しい。数値や特定の指標に頼る新たな管理職育成のシステムもまた、同様の危険性・倒錯性をはらんでいる。真に子どものことを考え、子どもの豊かな発達を実現する教育を推進するにあたり、新たな管理職育成制度の問題をしっかりと捉えていく必要がある。子ども不在の教育からの脱却は、このことを抜きには始まりそうにない。

注

（1）カシオ科学振興財団助成金によって助成。
（2）JSPS 科研費 23330235（基盤研究（B））によって助成。
（3）JSPS 科研費 26285185（基盤研究（B））によって助成。
（4）特別支援学校校長一名を含む。
（5）ここでいう管理職とは、教頭以上を指す。
（6）中央教育審議会（2012）二〇一二年八月二八日公表 http://www.mext.go.jp/component/b_menu/shingi/toushin/__icsFiles/afieldfile/2012/08/30/1325094_1.pdf（最終閲覧二〇一七年七月一五日）
（7）横浜市教育委員会（2015）二〇一五年三月改訂 http://www.edu.city.yokohama.jp/tr/ky/k-center/ikuseiguidebook15.pdf（最終閲覧二〇一七年七月一五日）
（8）東京都では、学校教育法改正より前、二〇〇二年に、主幹教諭の設定が認められ、二〇〇三年度より運用が始まっている。
（9）文部科学省は、二〇〇八年の全国学力テストの公表に際し、市町村別や学校別の結果の開示については序列化・競争をあおる見地から、公表しないとしている。文部科学省「全国学力・学習状況調査」（2008）（http://www.mext.go.jp/a_menu/shotou/gakuryoku-chosa/20020501.pdf 最終閲覧二〇一七年六月二〇日）
（10）静岡県公式ホームページ「全国学力・学習状況調査」に係る校長名の公表。二〇一三年九月

二〇日掲載 http://www.pref.shizuoka.jp/governor/documents/koutyoumei.pdf（最終閲覧二〇一七年一月九日）

第四章　新たな管理職育成システムの課題
――管理職選考試験の受験資格と女性校長

木村育恵

前章では、女性校長たちが「一任システム」において管理職候補者として見定められ、教員たちが互いに学び合い、支え合う自律的な教育活動の積み重ねによって力量を形成していく過程を見てきた。一方で、今日進行している新たな管理職育成システムは、「一任システム」とは異なり、管理職になるための要件を明化し、それをこなすことを求めているが、こうしたシステムの進行が、後継者育成の面や子どもの豊かな成長や発達などの面で、どのような問題をもたらす恐れがあるのかを批判的に検討してきた。

本章では、昨今の管理職育成システムの問題をさらに追究していくために、都道府県立（以下、県立）学校管理職選考試験の受験資格要件のありようが、女性管理職の輩出を抑制し、教員の多様なキャリア形成を困難にする可能性があることについて論じていく。

1　女性管理職をめぐる議論の現状

日本社会では現在、男女共同参画社会の実現に向けて、各分野での具体的取り組みを推進することが求められている。序章でも見たように、教育に関しては、男女共同参画社会の実現に向けた基盤整備の役割が求められ、学校教育の分野における政策・方針決定過程への女性の参画拡大も企図されてきた。たとえば、二〇一〇年に閣議決定された「第三次男女共同参画基本計画」においては、初等中等教育機関の校長・教頭等の登用について「二〇二〇年　三〇％」の目標を達成するよう各都道府県に働きかけてきた。

しかしながら、二〇一五年一二月に閣議決定された「第四次男女共同参画基本計画」では、初等中等教育機関の女性管理職登用の「二〇二〇年　三〇％」目標が「二〇二〇年までに二〇％以上」と下方修正され、三〇％目標の達成期限は明記されなくなった。教頭以上に占める女性の割合を三〇％にするのは、いつか達成すべき無期限の目標となったようである。

はたして、これで女性の学校管理職登用に関する取り組みが遅々として進展しない現状を改善することになるのだろうか。男女共同参画の目標ラインを一〇ポイント下げて、ジェンダー平等「達成」のゴール地点自体を操作したにすぎないのではないか。先の成果目標の修正は、日本社会のジェンダー平等に向けた問題の深刻さを国際社会にいっそう明確にしたといっても過言ではない事態だろう。

日本の学校管理職に占める女性の割合は、先進国の中で際立って低い。先の一五％という数値は初等中等教育機関を合わせたものであるが、学校種別に見ると女性管理職比率に大きな差がある。実際、小・中・高と学校段階が上がるほど学校管理職に占める女性の割合は減少する。『学校基本調査』によれば、学校管理職を「校長」に限定して女性の割合を見ると、どの学校段階もさらに低くなるが、公立高校についてはいまだ一〇％に達していない。公立高校の教員人事異動や管理職登用が県立学校の全校種間で行われることを鑑み、公立中等教育学校や特別支援学校などを含めた「県立学校」として女性校長比率を見てみても、その比率は二〇一五年度になって初めて一〇％に達したというレベルにある。公立高校の女性校長の登用は、都道府県によって大きく状況が異なるものの、一九四八年に福岡県で全国初の公立高校女性校長が登用されてから、最後の四七県目が女性校長を任用する二〇〇九年度に至るまで、実に六〇年以上もかかっている（高野 2011）。しかも、一九四八年度以降、二〇一七年五月時点で最新の『学校基本調査』結果である二〇一六年度現在まで、毎年度、公立高校の女性校長が一人も登用されてない「ゼロ県」が必ず存在しているという実態がある。つまり、公立高校の女性校長がすべての県に必ず一人はいるという状態になった年度は、まだ一度もないのである。

学校管理職の養成に関する政策的議論は、二〇一二年八月の中央教育審議会答申を機に制度設計の段階へとシフトしてきた。しかし、そこには校長・教頭の幅広い人材確保として若手の積極的な任用は明記されたが、女性の任用に関する明確な記述は見当たらない（河野 2011）状態であった。その後、いわゆる「女性活躍推進法」関連の重点方針や二〇一五年の中央教育審議会答申において、学校管理職へ女性を促す取り組みが明記されるようになった。この今日的政策が女性の学校管理職の養成や登用に関してどのように運用されていくのかについてはさらに検証が必要であり、多面的に捉えていく必要がある。なぜなら、表面上は性別を理由としていないように見えるが、結果として女性を排除している「システム内在的差別」（河上 1990）の問題が、かねてより指摘されているためである。また、前章までに見たように、教員社会には、多様な経験を積ませる声がけを一任する連鎖の中で結果として校長に選ばれていく「一任システム」という文化様式がある。ただし、このキャリア形成システムには、「一任」の流れに乗るために、育児や介護といった家庭責任に対して、個々人がどれほど調整可能なのかが大きく関わるという問題もある(1)。

このように、教員のキャリア形成をめぐっては、ジェンダーの視点から教員が置かれる状況を構造的に把握することが不可欠である。そこで本章では、女性管理職の登用を取り巻く昨今の状況を明らかにする試みとして、県立学校管理職の選考試験に着目してみたい。公立学校の学校管理職は「教育公務員特例法」第一一条で「選考」によって採用されることが規定されており、校長、副校長および教頭の管理職選考試験が実施されている。試験内容は都道府県によって異なるが、択一問題や短答形式の問題、小論文や作文などの筆記試験で構成されるケースがほとんどである。また、個人ないしは集団での面接が実施されるのが一般的である。

この管理職選考試験を受験するにあたっては、年齢制限や教職員の経験年数といった受験資格が求められる場合が多い。こうした要件が示されることで、受験可能な教職員が限定されることになる。そこで、本章では、受験資格について注目していく。特に、二〇一二年八月の中央教育審議会答申以降ここ数年の管理職選考試験の受験資格に焦点を置き、県立学校女性校長比率と対照させながら、女性管理職登用に関する近年の傾向を見ていくことにする。また、昨今の女性管理職の登用をめぐる動向に関しては、教育行政の人事担当者に行ったインタビュー調査の知見とも照らし合わせてみたい。そして、昨今の受験資格要件のありようが、「一任システム」におけるこれまでの女性管理職登用や選考と比較し、女性教員のキャリア形成にいかなる問題をもたらすことになるのか検討したい。

2　県立学校管理職の実態

(1)　県立学校女性管理職の実態

ところで、本章では高校だけでなく、特別支援学校や中等教育学校なども含む「県立学校」の女性管理職の状況を見ていく。それは、高校を含むこれらの学校の実際の教員人事異動や管

図 4－1　男女別に見た県立学校長の勤務校の状況（2013 ～ 2015 年度）

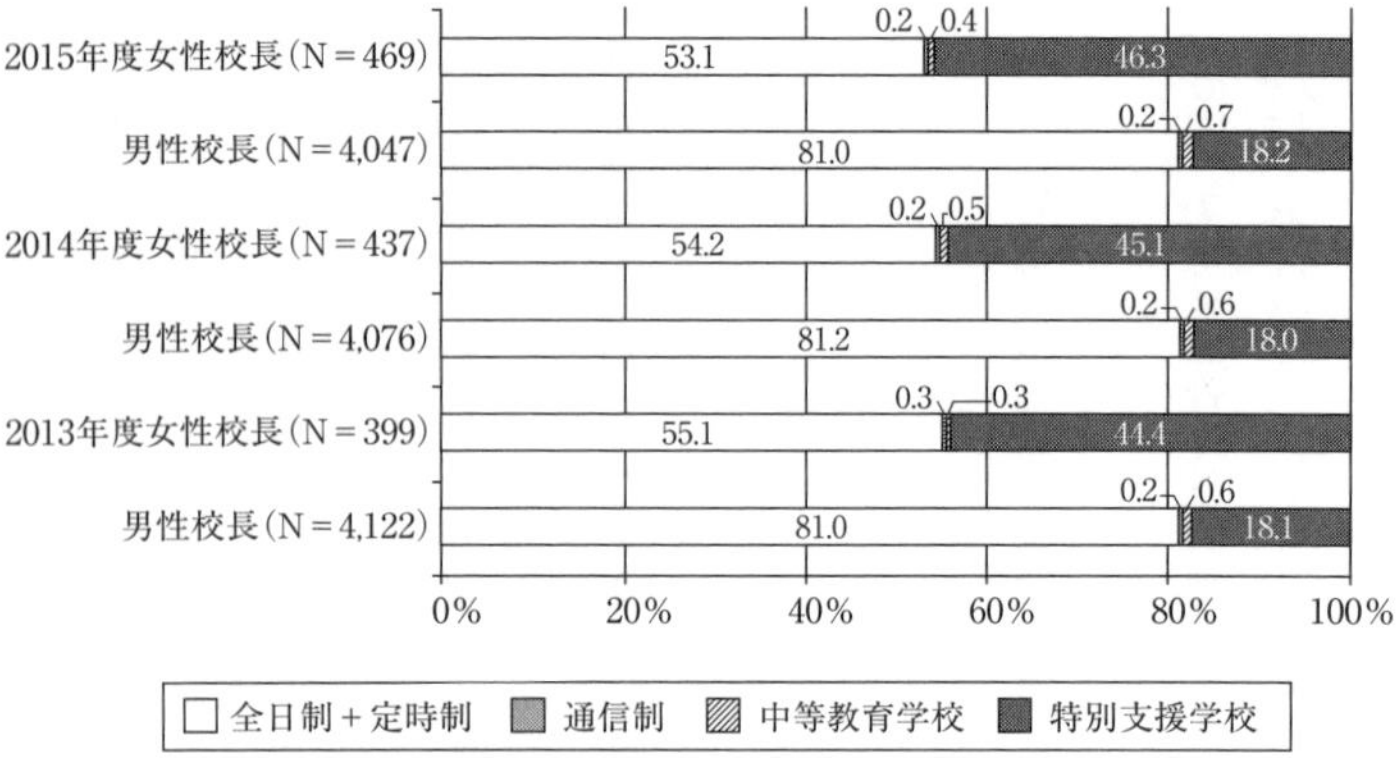

資料：文部科学省『学校基本調査』各年度をもとに作成

理職登用は、義務教育機関とは別に、県立学校の全学校種間で実施されているためである。つまり、高校の免許を持つ教員であっても、特別支援学校に異動となる人事が存在する。公立高校の女性管理職が少ない背景には、学校管理職養成システムの問題だけでなく、この県立全校種間人事という仕組みが強く関係している可能性もある。

実際に、県立学校管理職の実態として、『学校基本調査』をもとに「女性校長の割合」と「勤務校の状況」を確認してみよう。まず、県立学校の「女性校長の割合」である。県立学校に占める女性校長の割合は都道府県間で差が大きい（木村ほか 2015）。しかし、先に述べたように、全国平均は二〇一五年度になって初めて一割に及んだ（一〇・四％）というのが現状であり、女性管理職の割合はいまだきわめて低い。

次に「勤務校」であるが、全般的に男女で異なる学校に配置されている傾向がある。図４－１に示すように、『学校基本調査』をもとに県立学校を高校の「全日制・定時制」「通信制」、「中等教育学校」「特別支援学校」の四区分で見ると、二〇一三年度から二〇一五年度のここ三年間で見ても、男女で異なる学校に配置されているのが顕著である。各年度、男性の八割以上が「全日制・定時制」高校に配置されている一方、全体の一割にも満たない女性校長の半数近くが特別支援学校長として配置されている実態がある。

このように、県立学校の女性管理職については、いまだその数がきわめて少ないだけでなく、一般的な進学・就職等を見据えた学校に男性校長、特別な支援やケアを必要とする学校に女性校長というように、校長として配置される学校そのものにも、男女で大きな差異が生じている現状がある。

(2) 県立学校管理職選考試験の受験資格の状況

多様な経験を積ませる声がけを一任することでキャリア形成していく「一任システム」においては、管理職候補者が適切に見定められることが重要となる。この「見定め」に関係してくるものの一つとして、以下では都道府県の管理職選考試験の受験資格を見ていくことにする。

木村ほか（2015: 107）が述べるように、学校管理職の分布状況のばらつきには、「各都道府県の登用側が、女性教員をどのように育成し、管理職として位置づけようとしているかがあらわれていると考えられる」。すなわち、管理職選考試験にどのような受験資格を設定するか、それらをどう機能させるかが、多様な経験を積ませる声がけのありように関係してくる可能性がある。では、各都道府県は現在、管理職選考試験にどのような受験資格を設定しているのだろうか。そして、それらの特徴と女性校長比率はどのような関係にあるのだろうか。

本章では、四七都道府県（以下、「県」）を女性校長比率の高率県（二二県）と低率県（二五県）で分け、さらに学校数の分布状況（多・中・少）によって県を六タイプに分類したマトリックスの県タイプと照らし合わせながら、受験資格の要件と女性校長比率との関係を分析していく。なお、マトリックスは、学校管理職の養成に関する議論が制度設計段階へと入った二〇一二年八月の中央教育審議会答申以降の、二〇一三年度の『学校基本調査』をもとに作成している。この時期は、「一任システム」と新たに制度設計された管理職養成システムとが混在している時期であり、各県で異なる女性管理職の分布状況の背後にあるキャリア形成のありようや変容を見るのに適した時期である。したがって、本章では二〇一三年度の状況に焦点をあて、女性校長比率の高率・低率については、二〇一三年度女性校長比率の平均値（八・八％）を基準に、全国平均以上か全国平均未満かで各県を二分している。また、各県の学校数については、県内に一〇〇校以上の県立学校がある場合を「多」、九九から六〇校までを「中」、五九校以下を「少」として三分類している(2)。

六つの県タイプの内訳は次のとおりである。

【高率・大規模県】女性校長比率「高率」・学校数「多」八県
【高率・中規模県】女性校長比率「高率」・学校数「中」八県
【高率・小規模県】女性校長比率「高率」・学校数「少」六県
【低率・大規模県】女性校長比率「低率」・学校数「多」七県
【低率・中規模県】女性校長比率「低率」・学校数「中」九県
【低率・小規模県】女性校長比率「低率」・学校数「少」九県

ここでは、文部科学省『公立学校教職員の人事行政の状況調査』をもとに、二〇一三年四月一日現在から二〇一六年四月一日現在までの四年度分の県立校長と県立教頭（副校長を含む。以下、「教頭・副校長」）の選考試験について、次の四つの受験資格の状況を見ていくことにする。(3)

「年齢制限」
「経験年数」
「職種資格」
「推薦者の必要有無」

「年齢制限」「経験年数」「職種資格」については、次のように分類しデータ化した。たとえば「年齢制限」については「〇歳以上」「〇歳未満」「教頭〇歳以上、副校長〇歳以上〇歳以下」など、「経験年数」については「教諭経験〇年以上」などである。またこの調査でいう「職種資格」とは、たとえば「教頭又は教頭相当職」であること、「主幹教諭」であることのように、役職や担当の経験などに関する要件を指している。データ化にあたっては「〇〇主任経験者」などのように、制限や何らかの指定がある場合は「一．制限あり」とし、これらの要件が示されていない場合は「二．制限なし」とした。また、県によって、教頭と副校長、あるいは高校と他の県立学校との間で管理職選考試験の制限の有無が異なるケースもわずかにあったが、その場合はすべて「三．その他」として分類した。「推薦者の必要有無」については、推薦者が必要な場合は「一．要」、不要な場合は「二．不要」、推薦者の推薦を併用する場合は「三．併用」に分類した。加えて、管理職選考試験の実施がない場合や該当する記述がない場合は「試験実施なし」「該当なし」として分類した。表4-1～4-3は、県立学校の管理職選考試験における四つの受験資格制限の四七県全体の状況をあらわしたものである。以下では、四つの受験資格の特徴を県タイプごとに把握した上で、これら受験資格と女性校長比率とを対照させる。

なお、各県の制度や状況は、同じ県タイプであってもさまざまであり、制度が女性校長比率の高低に与える影響や直面する課題も同じであるとは限らないことには留意が必要である。

表4－1　校長選考試験における3つの受験資格制限の有無

校長選考試験	年齢制限				経験年数				職種資格			
	2013	2014	2015	2016	2013	2014	2015	2016	2013	2014	2015	2016
1 北海道	あり	あり	あり	あり	あり	あり	あり	あり	あり	あり	あり	あり
2 青森県	あり	あり	あり	あり	あり	あり	あり	あり	あり	あり	あり	あり
3 岩手県	なし	なし	なし	なし	あり	あり	あり	あり	あり	あり	あり	あり
4 宮城県	あり	あり	あり	あり	あり	あり	あり	あり	あり	あり	あり	あり
5 秋田県	あり	あり	あり	あり	あり	あり	あり	あり	あり	あり	あり	あり
6 山形県	あり	あり	あり	あり	あり	あり	あり	あり	あり	あり	あり	あり
7 福島県	なし	なし	なし	なし	あり	あり	あり	あり	あり	あり	あり	あり
8 茨城県	あり	あり	あり	あり	あり	あり	あり	あり	あり	あり	あり	あり
9 栃木県	あり	あり	あり	あり	あり	あり	あり	あり	あり	あり	あり	あり
10 群馬県	—	—	—	—	—	—	—	—	—	—	—	—
11 埼玉県	—	—	—	—	—	—	—	—	—	—	—	—
12 千葉県	あり	あり	あり	あり	あり	あり	あり	あり	あり	あり	あり	あり
13 東京都	あり	あり	あり	あり	あり	あり	あり	あり	あり	あり	あり	あり
14 神奈川県	—	—	—	—	—	—	—	—	—	—	—	—
15 新潟県	なし	なし	なし	なし	なし	なし	なし	なし	その他	その他	その他	その他
16 富山県	—	—	—	—	—	—	—	—	—	—	—	—
17 石川県	なし	なし	なし	なし	あり	あり	あり	あり	なし	なし	なし	なし
18 福井県	あり	あり	あり	あり	あり	あり	あり	あり	なし	なし	なし	なし
19 山梨県	あり	あり	あり	あり	あり	あり	あり	あり	なし	なし	あり	なし
20 長野県	なし	なし	なし	なし	なし	なし	なし	なし	あり	あり	あり	あり
21 岐阜県	なし	なし	なし	なし	なし	なし	なし	なし	あり	あり	あり	あり
22 静岡県	あり	あり	あり	あり	あり	あり	あり	あり	あり	あり	あり	あり
23 愛知県	あり	あり	あり	あり	あり	あり	あり	あり	あり	あり	あり	あり
24 三重県	あり	あり	あり	あり	あり	あり	あり	あり	あり	あり	あり	あり
25 滋賀県	なし	なし	なし	なし	あり	あり	あり	あり	あり	あり	あり	あり
26 京都府	—	—	—	—	—	—	—	—	—	—	—	—
27 大阪府	あり	あり	あり	あり	あり	あり	あり	あり	なし	なし	なし	なし
28 兵庫県	なし	なし	なし	なし	あり	あり	あり	あり	あり	あり	あり	あり
29 奈良県	あり	あり	あり	あり	あり	あり	あり	あり	なし	なし	なし	なし
30 和歌山県	あり	あり	あり	あり	あり	あり	あり	あり	あり	あり	あり	あり
31 鳥取県	その他	その他	その他	その他	その他	その他	その他	その他	その他	その他	その他	その他
32 島根県	あり	あり	あり	あり	あり	あり	あり	あり	あり	あり	あり	あり
33 岡山県	あり	あり	あり	あり	あり	あり	あり	あり	あり	あり	あり	あり
34 広島県	あり	あり	あり	あり	なし	なし	なし	なし	あり	あり	あり	あり
35 山口県	あり	あり	あり	あり	あり	あり	あり	あり	あり	あり	あり	あり
36 徳島県	なし	なし	なし	なし	あり	あり	あり	あり	あり	あり	あり	あり
37 香川県	なし	なし	なし	なし	なし	なし	なし	なし	あり	あり	あり	あり
38 愛媛県	あり	あり	あり	あり	あり	あり	あり	あり	あり	あり	あり	あり
39 高知県	なし	なし	なし	—	あり	あり	あり	—	あり	あり	あり	あり
40 福岡県	あり	あり	あり	あり	あり	あり	あり	あり	あり	あり	あり	あり
41 佐賀県	あり	あり	あり	あり	あり	あり	あり	あり	なし	なし	なし	なし
42 長崎県	なし	なし	なし	なし	あり	あり	あり	あり	あり	あり	あり	あり
43 熊本県	あり	あり	あり	あり	あり	あり	あり	あり	あり	あり	あり	あり
44 大分県	あり	あり	あり	あり	あり	あり	あり	あり	なし	なし	なし	なし
45 宮崎県	なし	なし	なし	なし	あり	あり	あり	あり	なし	なし	なし	なし
46 鹿児島県	なし	なし	なし	なし	なし	なし	なし	なし	なし	なし	なし	なし
47 沖縄県	なし	あり	あり	あり	あり	あり	あり	あり	あり	あり	あり	あり

注：表中の「—」は、「試験実施なし」「該当なし」をあらわしている。

表 4－2　教頭・副校長選考試験における 3 つの受験資格制限の有無

教頭・副校長選考試験	年齢制限				経験年数				職種資格			
	2013	2014	2015	2016	2013	2014	2015	2016	2013	2014	2015	2016
1 北海道	あり	あり	あり	あり	あり	あり	あり	あり	あり	あり	あり	あり
2 青森県	あり	あり	あり	あり	あり	あり	あり	あり	あり	あり	あり	あり
3 岩手県	なし	なし	なし	なし	あり	あり	あり	あり	あり	あり	あり	あり
4 宮城県	あり	あり	あり	あり	あり	あり	あり	あり	なし	なし	なし	なし
5 秋田県	あり	あり	あり	あり	あり	あり	あり	あり	あり	あり	あり	あり
6 山形県	あり	あり	あり	あり	あり	あり	あり	あり	なし	なし	なし	なし
7 福島県	なし	なし	なし	なし	あり	あり	あり	あり	あり	あり	あり	あり
8 茨城県	あり	あり	あり	あり	あり	あり	あり	あり	なし	なし	なし	なし
9 栃木県	あり	あり	あり	あり	あり	あり	あり	あり	なし	なし	なし	なし
10 群馬県	あり	あり	あり	あり	あり	あり	あり	あり	なし	なし	なし	なし
11 埼玉県	あり	あり	あり	あり	あり	あり	あり	あり	あり	あり	あり	あり
12 千葉県	あり	あり	あり	あり	あり	あり	あり	あり	なし	なし	なし	なし
13 東京都	あり	あり	あり	あり	あり	あり	あり	あり	あり	あり	あり	あり
14 神奈川県	あり	あり	あり	あり	あり	あり	あり	あり	あり	あり	あり	あり
15 新潟県	その他	その他	その他	その他	その他	その他	その他	その他	なし	なし	なし	なし
16 富山県	—	—	—	—	—	—	—	—	—	—	—	—
17 石川県	なし	なし	なし	なし	あり	あり	あり	あり	なし	なし	なし	なし
18 福井県	あり	あり	あり	あり	なし	なし	なし	なし	なし	なし	なし	なし
19 山梨県	あり	あり	あり	あり	あり	あり	あり	あり	なし	なし	なし	なし
20 長野県	なし	なし	なし	なし	なし	なし	なし	なし	あり	あり	あり	あり
21 岐阜県	—	—	—	—	—	—	—	—	—	—	—	—
22 静岡県	あり	あり	あり	あり	あり	あり	あり	あり	あり	あり	あり	あり
23 愛知県	あり	あり	あり	あり	あり	あり	あり	あり	あり	あり	あり	あり
24 三重県	あり	あり	あり	あり	あり	あり	あり	あり	なし	なし	なし	なし
25 滋賀県	あり	あり	あり	あり	あり	あり	あり	あり	あり	あり	あり	あり
26 京都府	あり	あり	あり	あり	あり	あり	あり	あり	あり	あり	あり	あり
27 大阪府	あり	あり	あり	あり	あり	あり	あり	あり	なし	なし	なし	なし
28 兵庫県	あり	あり	あり	あり	なし	なし	なし	なし	あり	あり	あり	あり
29 奈良県	あり	あり	あり	あり	あり	あり	あり	あり	なし	なし	なし	なし
30 和歌山県	あり	あり	あり	あり	あり	あり	あり	あり	あり	あり	あり	あり
31 鳥取県	あり	あり	あり	あり	あり	あり	あり	あり	あり	あり	あり	あり
32 島根県	あり	あり	あり	あり	あり	あり	あり	あり	あり	あり	あり	あり
33 岡山県	あり	あり	あり	あり	あり	あり	あり	あり	なし	なし	なし	なし
34 広島県	あり	あり	あり	あり	なし	なし	なし	なし	なし	なし	なし	なし
35 山口県	あり	あり	あり	あり	あり	あり	あり	あり	あり	あり	あり	あり
36 徳島県	あり	あり	あり	なし	あり	あり	あり	あり	あり	あり	あり	あり
37 香川県	なし	なし	なし	なし	あり	あり	あり	あり	あり	あり	あり	あり
38 愛媛県	あり	あり	あり	あり	あり	あり	あり	あり	あり	あり	あり	あり
39 高知県	あり	あり	あり	あり	あり	あり	あり	あり	あり	あり	あり	あり
40 福岡県	あり	あり	あり	あり	あり	あり	あり	あり	あり	あり	あり	あり
41 佐賀県	あり	あり	あり	あり	あり	あり	あり	あり	なし	なし	なし	なし
42 長崎県	あり	あり	あり	あり	あり	あり	あり	あり	なし	なし	なし	なし
43 熊本県	あり	あり	あり	あり	あり	あり	あり	あり	あり	あり	あり	あり
44 大分県	あり	あり	あり	あり	あり	あり	あり	あり	なし	なし	なし	なし
45 宮崎県	なし	なし	なし	なし	あり	あり	あり	あり	なし	なし	なし	なし
46 鹿児島県	なし	なし	なし	なし	なし	なし	なし	なし	なし	なし	なし	なし
47 沖縄県	あり	あり	あり	あり	あり	あり	あり	あり	なし	なし	なし	なし

注：表中の「—」は、「試験実施なし」「該当なし」をあらわしている。

表4－3　管理職選考試験における「推薦者の必要有無」

管理職選考試験	推薦者の必要有無（校長）				推薦者の必要有無（教頭・副校長）			
	2013	2014	2015	2016	2013	2014	2015	2016
1 北海道	併用	併用	併用	併用	併用	併用	併用	併用
2 青森県	不要	不要	不要	不要	不要	不要	不要	不要
3 岩手県	不要	不要	不要	不要	不要	不要	不要	不要
4 宮城県	不要	不要	不要	不要	不要	不要	不要	不要
5 秋田県	要	要	要	要	要	要	要	要
6 山形県	不要	不要	不要	不要	不要	不要	不要	不要
7 福島県	要	要	要	要	不要	不要	要	要
8 茨城県	要	要	要	要	要	要	要	要
9 栃木県	不要	不要	不要	不要	不要	不要	不要	不要
10 群馬県	—	—	—	—	不要	不要	不要	不要
11 埼玉県	—	—	—	—	要	要	要	要
12 千葉県	不要	不要	不要	不要	不要	不要	不要	不要
13 東京都	不要	不要	不要	不要	併用	併用	併用	併用
14 神奈川県	—	—	—	—	不要	不要	不要	不要
15 新潟県	不要	不要	不要	不要	不要	不要	不要	不要
16 富山県	—	—	—	—	—	—	—	—
17 石川県	要	要	要	要	要	要	要	要
18 福井県	要	要	要	要	不要	不要	不要	不要
19 山梨県	要	要	要	要	要	要	要	要
20 長野県	要	要	要	要	併用	併用	併用	併用
21 岐阜県	不要	不要	不要	不要	—	—	—	—
22 静岡県	要	不要	不要	不要	要	不要	不要	不要
23 愛知県	要	要	要	要	要	要	要	要
24 三重県	併用	併用	併用	併用	併用	併用	併用	併用
25 滋賀県	不要	不要	不要	不要	不要	不要	不要	不要
26 京都府	—	—	—	—	要	要	要	要
27 大阪府	不要	不要	不要	不要	要	要	要	要
28 兵庫県	要	要	要	要	要	要	要	要
29 奈良県	不要	不要	不要	不要	不要	不要	不要	不要
30 和歌山県	併用	併用	併用	併用	併用	併用	併用	併用
31 鳥取県	不要	不要	不要	不要	不要	不要	不要	不要
32 島根県	不要	不要	不要	不要	不要	不要	不要	不要
33 岡山県	要	要	要	要	要	要	要	要
34 広島県	不要	不要	不要	不要	不要	不要	不要	不要
35 山口県	併用	併用	併用	併用	併用	併用	併用	併用
36 徳島県	不要	不要	不要	不要	不要	不要	不要	不要
37 香川県	不要	不要	不要	不要	要	要	要	要
38 愛媛県	不要	不要	不要	不要	不要	不要	不要	不要
39 高知県	不要	不要	不要	不要	不要	不要	不要	不要
40 福岡県	不要	不要	不要	不要	不要	不要	不要	不要
41 佐賀県	併用	併用	併用	併用	併用	併用	併用	併用
42 長崎県	不要	不要	不要	不要	不要	不要	不要	不要
43 熊本県	要	要	要	要	要	要	要	要
44 大分県	不要	不要	不要	不要	不要	不要	不要	不要
45 宮崎県	不要	不要	不要	不要	不要	不要	不要	不要
46 鹿児島県	要	要	要	要	要	要	要	要
47 沖縄県	要	要	要	要	要	要	要	要

注：表中の「—」は、「試験実施なし」「該当なし」をあらわしている。

①県タイプ別に見た受験資格の状況

では、県立校長と教頭・副校長の管理職選考試験について、四つの受験資格が県タイプによってどのような状況にあるのか、クロス集計を行った結果について説明していく。結論からいえば、四つの受験資格のうち、「年齢制限」と「経験年数」には県タイプによる違いはあまりなく、「職種資格」と「推薦者の有無」という二つの受験資格については、女性校長が高率の県タイプか低率の県タイプかによって異なる傾向が見られた。以下、詳しく見ていこう。

県タイプによる違いがあまり見られなかった「年齢制限」と「経験年数」については、次のような結果であった。

まず、「年齢制限」については、どの年度も全般的に、教頭・副校長の選考試験で「制限あり」とする場合が多く、特に二〇一三～二〇一五年四月一日現在の三ヵ年については、すべての県タイプで「年齢制限」に制限がある場合が半数を超えていた。校長の選考試験では、どの年度も「制限あり」の割合が三割から七割台の範囲にあることがうかがえた。ちなみに、比較的多い条件としては校長の選考試験では「五八歳未満（五七歳以下）」、教頭・副校長の選考試験では「四〇歳以上」という表記であった。

次に、「経験年数」については、校長、教頭・副校長どちらの選考試験も、すべての年度で「制限あり」が多く、どの県タイプも、校長の選考試験では五割以上、教頭・副校長の選考試験では六割以上であった。なお、比較的多い条件としては、校長の選考試験については「教頭経験二年以上」と「教頭経験三年以上」が同程度、教頭・副校長の選考試験については「教職経験一〇年以上」であった。

県タイプごとに異なる傾向が見られた「職種資格」と「推薦者の必要有無」については、次の特徴がうかがえた。

「職種資格」については、校長の選考試験において、全般的に「教頭・副校長以上」であることなどの制限が設けられている場合が多かった。他方、同じ「職種資格」でも、教頭・副校長の選考試験については、クロス集計の結果、統計的に有意とはいえないものの、全般的に女性校長が低率の県タイプにおいて職種資格に制限がある割合が高い傾向がうかがえた。そして、その割合は四割から七割台の間で推移していた（女性校長高率県は二割から六割台で推移）。

「推薦者の必要有無」においても、統計的に有意とはいえないものの、女性校長比率が高率の県タイプと低率の県タイプで回答に特徴が見られた。具体的には、校長、教頭・副校長どちらの選考試験も、女性校長比率が高い県タイプにおいて推薦者を「必要」とする場合が多い傾向がうかがえ、その割合はどの年度もおおよそ三割以上、五〜六割台の間で推移していた（女性校長が低率の県タイプでは、一割以上、二〜三割台の間で推移）。

以上のように、県タイプと管理職選考試験の受験資格を照応してみると、特に、「職種資格」と「推薦者の必要有無」については次の二点が指摘できる。一つは、教頭・副校長になる際、職種資格に制限を設けているケースが女性校長比率の低率県タイプで目立つこと、そしてもう一つは、管理職選考試験で推薦者を必要とするケースが女性校長比率の高率県で顕著なことである。つまり、職種資格の要件がある場合には女性校長比率が低くなり、推薦者が必要な場合には女性校長比率が高くなる傾向がうかがえる。各県の学校管理職人事行政にはさまざまな要素が絡み合っているため、その状況を踏まえたさらなる分析が必要ではあるが、この結果は、管理職選考試験の受験資格と女性校長比率に何らかの関係があることを示唆するものとして意味があるだろう。

②女性校長比率と管理職選考試験の受験資格の関係

先の県タイプ別分析からは、管理職選考試験における「職種資格」や「推薦者の必要有無」に関して、女性校長比率の高低によって傾向が異なる可能性が示唆された。そこで、ここでは女性校長比率別の分析に焦点化して改めて先の状況を把握する。なお、ここでの分析も、先と同様に、二〇一三年度女性校長比率の平均値（八・八％）を基準に、全国平均以上を高率県、全国平均未満を低率県として捉えていく。

「職種資格」と「推薦者の必要有無」について、女性校長比率との関係をクロス集計で分析した結果、統計的に有意とはいえないものの、どの年度も、女性校長高率県と低率県で次のような傾向が見られた。

「職種資格」については、特に教頭・副校長の選考試験において、低率県ではどの年度も

「制限あり」の割合が最も高く、六〇・〇％（高率県四〇・九％）であった。他方、高率県では、「職種資格」に制限を設けていない「制限なし」の割合が、どの年度も最も高く、五四・六％（低率県三六・〇％）であった。このように、教頭・副校長の選考試験においては、受験の際に職種要件を設けている県ほど女性校長比率が低い傾向がうかがえた。

「推薦者の必要有無」に関しては、校長、教頭・副校長どちらの選考試験についても、高率県と低率県によって異なる傾向が見られた。全般的には、推薦者を「不要」とする県が、どの年度も半数近くを占める。ただし、推薦者を「必要」とする割合を見ると、校長、教頭・副校長どちらの選考試験においても、女性校長高率県の割合は低率県よりも高く、すべての年度で四割を超えていた。低率県では、推薦者が「必要」な各年度の割合は、校長の選考試験で一六・〇％、教頭・副校長の選考試験で二〇・〇％であったため、高率県の四割台と比べると二五ポイント以上の差があることがわかる。

このように、管理職選考の受験資格の要件については、統計的に有意とはいえないものの、次の傾向を見ることができた。第一に、管理職へのキャリアを進む第一歩となる教頭・副校長選考試験において、職種要件を定めている県では女性校長比率が低い傾向がうかがえることである。第二に、女性校長比率が高い県では管理職選考試験で推薦者を必要とする場合が多い傾向があることである。

厳密に見れば、前者の「職種資格」については、たとえば「教諭等」「教育に関する職」という文言を掲げている県が二〜三県ほどあったが、これは別の県の「制限なし」と同等のものである可能性もある。これらはともに、校長、教頭・副校長の資格を定める「学校教育法施行規則」第二十条から第二十三条を前提にしていることを示しているとも考えられるだろう。この規則においては、校長の資格として、教育職員免許法による教諭の専修免許状または一種免許状を有し、かつ、学校教育法第一条に規定する学校の教諭など、いわゆる「教育に関する職」に五年以上就いていることと示されている。つまり、「教諭等」「教育に関する職」という文言を掲げている県は、この規則に言及しているにすぎない可能性もある。他方、「主幹教諭、指導教諭」「主任等の経験が○年以上」という要件を記載している県もあるなど、各県の示す内容に幅があり、結果の解釈には留保が必要ではある。しかしながら、教頭・副校長になるまでの各種経験を資格として要件化することと女性校長比率との間に何らかの関係がある可能性がうかがえる点は注目に値する。なぜなら、このことは、管理職キャリアの入口に到達するための要件をこなすことができるか否かが、教員の性別によって異なる可能性があることを示唆していると考えられる。他方、推薦が必要な県は女性校長比率が高い傾向が見受けられた。こうした傾向には、推薦が女性教員を引き上げる装置として機能している（してきた）可能性が示唆されているのではないだろうか。

いったい、推薦と職種資格の要件化は、女性管理職の登用や育成とどう関わっている可能性があるのだろうか。次節では、このことについてさらに検討してみたい。

3　インタビューから見える管理職選考試験の受験資格要件化

先に見たように、女性校長比率と管理職選考試験の受験資格については、いくつかの要件に関して特徴が見受けられた。これをどのように捉えるとよいのだろうか。

教員のキャリア形成をめぐって、彼女ら／彼らが置かれるジェンダー不均衡の問題を構造的に把握する際、教育行政のありようは無視できない。なぜなら、教育行政は教師個人や集団を関係づけ方向づける支配的文化であり（佐藤 1994）、県教委と校長の組織間コミュニケーションが昇任人事と関わる面や、県による人事システムが職務遂行の態様に影響する面がある（川上 2003）ためである。そこで本節では、教育行政が設定する推薦者や職種などの各種受験要件が女性校長比率とどのように関係しているとと考えられるのか、県立学校の人事担当者および関係部署の職員に対するインタビュー調査の結果と照らし合わせながら、さらに検討していきたい。ここで扱うインタビュー調査の概要は、次のとおりである。

・調査時期：二〇一四年一二月～二〇一五年一一月
・調査対象者：教育行政の県立学校人事担当者および関連課の職員
・調査協力件数：二〇一五年一一月現在、七県（すべての県タイプを含む）

・調査方法など：あらかじめ当該県の教員人事方針や管理職登用制度を調べ、全体像を把握するとともに、学校管理職適任者の「見定め」に関する状況を質問。実施場所は、当該県の担当部署内あるいは庁内の会議室など。インタビュアーはいずれも二名。所要時間は三〇分から二時間程度で、聞き取り内容はICレコーダーなどに録音し、逐語的に文字化したスクリプトをデータとして分析する。

先にも述べたように、各県の制度や状況は、同じ県タイプであってもさまざまであり、制度が女性校長比率の高低に与える影響や直面する課題も同じであるとは限らない。それを踏まえつつ、各県が管理職の登用や育成をめぐってどのような課題を感じているのかを整理してみよう。インタビューでは、管理職キャリアの第一歩である教頭・副校長選考試験に至る前の段階、すなわちミドルリーダーの段階でどのような人材育成や力量形成を求めているのか（求めようとしているのか）を尋ねた。また、人事担当として管理職候補者をどのように見定めているのかについても尋ねた。ミドルリーダーの段階は、ちょうど前節で見た教頭・副校長の選考試験での職種資格にある「○○主任経験者」などの段階と重なっていると見てよい。

今回インタビューにご協力いただいた担当者はすべて男性であった。また、担当者の多くが学校で教鞭をとっていた教員である。ただ、インタビューは各県のさまざまな事情を反映してか、インタビュー担当者や庁内の実施場所の雰囲気など、さまざまな面で特徴があったように思われる。たとえば、ミドルリーダー育成や管理職候補者の見定めについて、場合によっては自身の見解なども述べながら、県の課題や事情を明るく穏やかな雰囲気で語ったり、熱心に話したりする県の担当者もいた。また、政策や人事や研修などの各担当者が揃って対応してくれた県もあった。他方で、庁内の狭く暗い会議室を会場に、招かれざる客に対峙するかのような空気感でインタビューに臨まれる県の担当者もいた。

こうした、多種多様の雰囲気で行われたインタビューからは、必ずしも県タイプによって共通の「見定め」の状況があるわけではなく、各県の教職を取り巻くさまざまな条件を複雑に反映して、ミドルリーダーの育成や管理職候補者の「見定め」を行っていることが浮かび上がってきた。

たとえば、インタビュー協力県のほとんどがミドルリーダー育成のための研修を設定している一方で、【低率・中規模県】では一般的な悉皆研修にマネジメントの項目があるにとどまっているという。

ミドルリーダーや管理職候補者の育成や見定めは、研修の場だけでなく、学校においても行われるが、こうした学校での後進の育成に対してもまた、各県で状況が異なっている。学校数が【大規模】の二県はともに、管理職の入口である教頭・副校長試験の受験者が「減っている」と認識しており、将来管理職を担うミドルリーダー適任者について、「ぜひっていう方を推薦いただけるよう」「ぜひふさわしい方に声をかけて下さい」と校長に強く「お願い」している状況がある。

教頭・副校長試験の受験者が「減っていない」と認識している他の四つの県タイプも、基本的には、校長に適任者の育成や推薦を求めている。しかし、【低率・小規模県】を除く三県、すなわち学校数が【中規模】の二県と、学校数が少なく女性校長比率が高い【高率・小規模県】では、学校に対する働きかけは特に行っておらず、「校長に任せている」状況にある。他方、【低率・小規模県】は、教育行政が各学校や教員のようすを丁寧に見ており、担当者がすべての学校をまわって校長たちの話を聞くなどしつつ、校長に後輩を育てる視点の必要性を求めていることがうかがえた。

各県の状況は、このように確かにさまざまではある。ただし、ミドルリーダーとしての力量形成や管理職の登用・育成において、ジェンダーに敏感な視点から「見定め」に配慮をしている、ないしはその必要があると認識しているかどうかで見た場合には、県タイプによって異なる傾向がうかがえた。ジェンダーに対する取り組みについては次項で述べるが、そうした取り組みを行っている県タイプは、他の県タイプと異なり、前節で見た職種資格に相当する要件を管理職選考試験の必須要件としていないという共通点があるのである。なお、ジェンダーに対する取り組みを行っているのは、県内の学校数が多く女性校長比率が高率である【高率・大規模県】と、学校数が少なく女性校長比率が低率である【低率・小規模県】であった。この二つは学校数の規模も女性校長比率もまったく異なる県タイプであるが、どちらも共通して、女性管理職の登用や女性教員のキャリア形成に課題を感じていた。

以下では、この二県が女性管理職の登用や育成をめぐって何を問題とし、それに対しどのように対処しようとしているのかを読み解いていく。この二県の取り組みが、職種資格と推薦者の必要有無と女性校長比率の関係の背後にあるものを明らかにするヒントを示してくれているからである。

（1）「推薦」が女性教員のキャリア形成に果たす機能

インタビューでは、学校数の規模も女性校長比率もまったく異なる県タイプの二県が、女性を管理職に向けたキャリアへと引き上げるための「見定め」に関する取り組みを語っていた。特に、「推薦」の必要有無と女性校長比率の関係を考える上で、【高率・大規模県】のインタビュー協力県から示唆的な語りがあった。

この県は、かつて管理職登用に校長推薦を用いていたが、最近になって、推薦不要の試験制度を導入しはじめた。インタビューではこの新たな管理職選考試験制度によって、女性管理職の登用に関する現状が大きく変わることが予見されるという懸念が、次のように語られた。

（校長推薦による管理職登用の仕組みの中では）女性登用の意識っていうのは、ある程度、推薦者の中から、決定する段階からかなり反映させることができた。（中略）かなり意識的に女性を積極的に登用したっていうのは、時期的にはあったと思うんですよね。ただ、今回、登用試験を導入してしまったので、女性だけが有利となるような採用ができなくなってしまいましたので。

そして、女性管理職を増やすために、かつて実施していたが立ち消えになった女性教員向けの研修を、改めて再開させたことが語られた。この研修は、小・中・高校の女性教員を対象に、マネジメントを学ぶ機会を提供していたものであるが、女性管理職が増えてきたことで行われなくなったという。では、なぜ推薦不要の試験制度が導入されることによって、女性教員向け研修を復活させる必要があるのか。それは、推薦不要の新たな制度が、教員生活のある時期に定められた経験や役割を引き受けることを要件化したためなのだという。つまり、新たな制度が設定しているキャリア形成の時期や年齢が「子育てと重なっている」がゆえ、このままでは管理職選考試験から女性が排除されかねないという懸念があるという。

このように、インタビューからは、推薦制度の廃止という制度改革の中で新たに設定されたキャリアの要件化に、この県がある種の危機を感じていることがわかる。それは、これまでの教員のキャリア形成のあり方や時期区分を自明視したまま要件化が進行すると、女性管理職の登用が自ずと抑制されてしまうという危機感である。だからこそこの県は、推薦の廃止によってもたらされるであろう女性管理職の確保の困難を、女性教員向けの研修の再設定などによって支えようとしているのである。

こうした実態を見ていくと、教員個人の状況をさまざまに把握し、見定めようとする推薦制度は、多様な教員を豊かにキャリア形成させる仕掛けを伴いながら、女性を管理職へと導いていく機能を果たしていた面があると考えられる。木村ほか（2015）においても、女性管理職の高率県では、見定め側である行政に女性教員の実態や候補者がある程度見える制度や取り組みが見られ、公募制が必ずしも女性候補者を確保するわけではないことが指摘されている。もちろん、「推薦」といっても、各県でその位置づけや実際の運用は同じではない。また、男性同士のネットワークの中で何らかの政治性を帯びて行われる推薦や、「自分の後継は男性」と思い込んでいることによる無意識下の差別などにより、女性が推薦されないということもありうる。しかしながら、見定められる教員の幅を広げ、キャリアパタンの固定化を脱却する意味で「推薦」が効果的に機能する場合、それがジェンダー不均衡の改善に寄与する部分は、少なくないのではないだろうか。

（2）職種資格の要件化によるキャリアパタンの固定化

ところで、キャリアパタンの固定化という問題をめぐっては、主幹教諭経験者などの職種資格を管理職選考の必須要件としていない二県から示唆的な語りがなされている。

【高率・大規模県】の協力県からは、ミドルリーダー役割の職種が実質的にプレ管理職の要件として機能してしまうことの懸念が語られた。それは、学校現場では、主幹教諭などのミドルリーダー役割が教職員に「管理職への登竜門なんでしょ?」というように印象づけられている現状があり、「そういう色合いがなかなか消えてこない」ことを課題として受け止めているというものである。

特定の職種や役割が固定的イメージで見られることに対する語りは【低率・小規模県】にも見られ、「教育界に蔓延している『教頭とはこういうもの』という意識を変える必要がある」とともに「主任のあり方自体」を変える必要があることが指摘されていた。学校においては、主任の中でも「教務」主任は、一般的に管理職のキャリアにつながる重要な役割とみなされている。こうした特定の主任に仕事が集中していく慣例への懸念が、次のように語られている。

（すべての主任を）並列に見るといいのになぁっていうのも、そういう、もうちょっと女性の管理職を増やす、管理職になりやすい環境をつくるには、そういう考え方も大事なのかなと思ってますよね。教務主任ってわりと、遅くまで仕事して、やっていくのが当たり前みたいなムードが学校の中にあって、そうなると、女性の方って、管理職には、教務主任にはなりたがらない。

このように、どちらの県も、長時間勤務を前提とした特定の役割や職務内容が管理職になるための資格要件のマイルストーンのように目に映るほど、女性教員がそこから遠ざかっていくと認識していることがわかる。この役割やキャリアの固定化の問題については、さらに【低率・小規模県】から、異なるキャリアのあり方を許容する仕組みを築くことの重要性が語られた。女性校長比率が低率かつ学校数が少ないタイプであるこの県は、管理職選考での推薦者が不要で職種資格の制限がない。この県は、教頭・副校長選考試験の受験者の不足に困っている県ではないものの、ベテラン世代教員の大量退職を目前に控え、現在、ミドルリーダー育成に力点をおいた制度設計を進めている。その際、教員生活の特定の時期に特定の役割を担うような従来の単線的なキャリア形成のありようを捉え直すことが課題であると位置づけたのである。その過程において、この県は、従来のキャリア形成モデルが女性教員の置かれる状況を踏まえてこなかったことを認識するに至る。

> 県立学校辺りはやっぱり男性文化ですので。（中略）女性の、管理職っていうことだけじゃなくて、女性のキャリアモデルが見えにくいっていうのが非常に大きな問題ではないか。（中略）私たちも向かい合ってこなかった部分もある。

現在、この県では、従前の男性中心の単線的・固定的キャリアパタンから脱却する方途を模索すべく、ワーク・ライフ・バランスを踏まえたキャリアモデルの手引を作成している他県の情報などを得ながら、自前で多様なキャリアモデルを例示しようと検討を重ねているようである。見定められる教員の幅を広げ、キャリアパタンの固定化から多様なキャリアを許容するあり方への転換に向けて、これまで目を向けてこなかった女性教員のキャリアの課題を見えるようする試みが行われているのである。ただし、ここでもキャリアパタンの「見える化」は、その固定化を企図しているものではない。インタビューでは、それが次のように語られた。

それ（キャリアパタン）を固定化させてあげる感じじゃなく、（キャリアの）いろんな作り方、いろんなバージョン、（中略）形に一回はしてみようという発想は大事だったんだろうなって。そういうものでさえ、今まで無かったという自体が、やっぱりこう、考えさせられる部分はあるのかもしれないという気はしますね。

このように、【低率・小規模県】のインタビューから見えてくるのは、キャリアの多様性や複線性の方途を具体的に議論の俎上に載せること自体がいかに重要かということである。ただし、その議論が新たなキャリアモデルの固定化につながってはならない。【低率・小規模県】では、今まで見えなかった女性教員のキャリアをめぐる課題を可視化させることを重視しつつ、他方でその可視化が別の新たなキャリアパタンのモデル化・固定化に回収されないように目配りされているのである。この議論は現在進行形で行われている。【低率・小規模県】で始まったこの議論が、いかに多様なキャリアを認める方向で展開していくことができるか。この県のキャリア形成に関する今後の取り組みの展開が期待される。

(3) インタビューから見える管理職選考試験の受験資格の問題

【高率・大規模県】と【低率・小規模県】のインタビューから見えてくるものは何であろうか。前者の県では、女性校長比率が高率ではあるものの、これまで女性教員を管理職へと引き上げてきた機能や機会が新たな要件化の流れで失われてしまったことで、再び女性管理職が減じていくことが予見されるという「危機感」が語られていた。後者の【低率・小規模県】では、学校数も女性校長ももともと少ない中、管理職候補となる教員の年齢や受験資格といった従来のキャリアのありようを捉え直し、多様なキャリアを許容する仕組みを構築する必要があるという「危機感」を契機に、これまで女性教員のキャリア形成の問題には目を向けてこなかったことに気づき、新たな仕組みづくりが議論されるようになったことが語られていた。どちらの県も、管理職選考の職種資格の要件化やキャリアパタンの固定化への「危機感」によって、女性管理職の登用や女性教員のキャリア形成に潜む問題に気づき、具体的な検討につなげていることがわかる。

現在進められている管理職養成改革により、教員が自律的に候補者を見定めて声がけをしながらキャリア形成を促し校長になっていく仕組みが、職位を細かく設定しミドルリーダーの職階を定めてマイルストーンを明確に設定しながら段階的に育てるものにシフトしつつある（木村ほか 2014）。管理職選考試験の受験資格の要件設定はまさにその一つの流れであろう。しかし、インタビューから見えてきたのは、こうしたキャリア形成の要件化が教員の多様なキャリア形成や管理職候補者として見定められる教員の幅を狭め、キャリアを単線化する方向に働く可能性があることである。このことについては、本章第2節のデータ分析においても、教頭・副校長の管理職選考の職種資格に制限がある場合、女性校長比率が低い傾向が見受けられることを確認した。教員のキャリアが従来どおりにパタン化された時期区分で議論されている限り、女性の多くがそこからこぼれ落ちることになる。その意味において、「一任システム」が内包していた「推薦」というシステムが多様な力量の女性教員を管理職へと導く重要な機能を果たしてきたことは疑いようもない。「一任システム」で運用されてきた「推薦」は、パタン化された単線化されたキャリア形成時期や要件を満たしたものを見定めるのではなく、そうした仕組みで不利な状況に置かれがちな教員にも目を配り、それぞれの日常的な教育実践や力量を見定める、人物重視のシステムとして機能してきた教員たち自身の文化様式だったのである。【高率・大規模県】のインタビューでは、こうした文脈で、推薦が廃止されたことへの危機感が語られていた。

このように、各県の抱える課題や紡ぐ言葉は違えども、両者の「危機感」は、結果的に特定の者にしかキャリアが拓かれないキャリアの単線化・固定化が、ジェンダー・ステレオタイプを前提に構成されているという、制度改革の今日的動向によってもたらされている。

昨今の制度改革に見られる管理職選考試験の受験資格の要件化は、一見すべての教員に等しくマイルストーンを示した、公平公正な変化にも見える。しかし、実はこうしたキャリアの要件化は、【高率・大規模県】と【低率・小規模県】が表明していた「危機感」のとおり、キャリアパタンの固定化や単線化や限定化に絡め取られる恐れもあるのだ。女性管理職の登用や育成を取り巻く問題については、こうした観点から、各県の課題や問題を踏まえつつ、今後さらに議論を深めていく必要がある。

4 「一任システム」の功罪と新たな管理職育成システムの問題

最後に、教員のキャリア形成システムである「一任システム」において、昨今の管理職選考試験での職種資格などの要件化がいかなる問題をもたらすのかを考えたい。「一任システム」は、力量のある多様な教員を管理職適任者として見定め、たとえ女性教員がさまざまな事情ですぐにその流れに乗れないとしても、教員社会の中で彼女らがキャリア形成していくことを促す機能を果たしてきた。本章第2節では、推薦者を必要とする県の女性校長比率は高い傾向がうかがえたが、それは、「一任システム」が多様な教員に声がけし、教員社会の中で彼女ら／彼らを引き上げる自律性を持って機能してきたからではないだろうか。推薦が失われることで女性管理職が減るという語りにおいても、推薦が女性教員の引き上げに果たしてきた役割が小さくないことが推察される。

しかし、一方で、「一任システム」は、育児や介護といった家庭責任を教員個人で「調整」

することを暗に求めているという問題も併せ持っている。多くの場合、「家庭責任」を引き受けて「調整」をしなければならないのは、同じ教員でも圧倒的に女性教員の方である。ジェンダーに対処する取り組みを行う（行おうとする）二つの県では、多くの女性教員が置かれるこうした状況に目を向け、女性教員のための多様な研修を用意したり、多様なキャリアを許容する仕組みを構築したりする方向に歩み始めた。キャリア形成の過程で女性教員が置かれる状況を不問にしたままでは、「主幹教諭経験者であること」といった管理職選考の職種資格の要件化は、かえって女性教員を管理職の道から遠ざけてしまう恐れがあるためである。「家庭責任」への折り合いを女性が引き受けざるをえない現状が捉え直されない限り、女性教員にはつねにキャリア形成の困難が伴うことになる。ジェンダーに対処する取り組みを始めた二県の試みは、「一任システム」の持つ多様な力量やキャリア形成を許容する機能面を活かしつつ、システムが暗黙の前提とする性別役割分業的側面を乗り越える試みといえるだろう。

以上、管理職選考試験の受験資格要件と女性校長比率の関係について、教育行政インタビューを踏まえてさらなる検証を試みてきた。そして、「推薦」については、そのあり方が、多様な人材をキャリア形成させていく仕掛けを伴いながら効果的に機能してきた側面があることが示された。確かに、推薦に見られるような昇任のあり方は、一般的な批判にしばしば見られるように、閉鎖的で不透明さを持つ部分もあるのかもしれない。また、序章でも見たように、ゲートキーパーとして人事に対して大きな影響力を持つとされる校長は、その多くが男性で占められており、教員文化の中で引き継がれてきた「校長＝男性」という価値のもと、女性を排除した「推薦」が行われる面もあるだろう。だがその一方で、女性に粘り強く声がけをして校長になるように働きかけ、「推薦」で彼女たちを後押ししてきたことが、女性の管理職キャリアの形成につながっている部分もある。このように、女性教員の管理職に向けたキャリア形成については、校長の裁量権によって、マイナスにもなればプラスにもなることがうかがえる。「推薦が女性教員を管理職に引き上げてきた」という語りは、校長の裁量権があったことで、単線的・固定的キャリアモデルからふるい落とされてきた女性教員がすくい上げられてきたプラスの面を示すものといえる。

では、「一任システム」で行われてきた「推薦」のマイナス面に対し、昨今の「職種資格」の要件化やスタンダード化は、その問題を乗り越えるオルタナティブになりうるのか。これについては、十分な議論が必要である。まず、管理職としての各種資格の要件化やスタンダード化は、校長が裁量権を持って、各学校や教員の状況を踏まえながら管理職候補者のキャリア形成に自律的に関わることそれ自体を縮減するものであることに目を向ける必要がある。校長の裁量権がマイナスにもプラスにもはたらくことは否めないものの、校長の裁量権自体を縮減すれば、女性教員の多様なキャリア形成を支えてきた自律的な仕組み自体が失われることになる恐れがある。その意味で、昨今の各種要件化やスタンダード化は、「校長の裁量権の拡大」とは矛盾したシステムともいえるだろう。また、二つの県に見られた「危機感」やそれに対する取り組みで明らかになったように、多様なキャリア形成のありようについてこそ、十分に議論を重ねていく必要がある。それとともに、単なるマイルストーンの設定やキャリアパタンのモデル化・固定化にならないような議論の深まりもまた不可欠である。

本章では、県立学校の学校管理職選考試験の受験資格要件のありようと女性校長比率の間に何らかの関係があることが明らかになった。また、教育行政の人事担当者へのインタビュー調査によって、昨今の受験資格の要件化に見られる「見える化」が、特定のキャリアパタンの固定化につながりかねないという問題が示された。この受験資格要件の「見える化」は、現在進行中の制度改革の中核である。そして、「見える化」に代表される教育のスタンダード化は今日的な教育改革の世界的潮流である。ハーグリーブス（Hargreaves, A.）はこうした教育改革動向が、「標準化されたパフォーマンスの従順者」（Hargreaves 2003 = 2015: 9）として教師を社会化させていくものと指摘し、教師を目標管理し、彼女ら／彼らの自律性や創造性、柔軟さを侵食、規制していくことが教師の生涯にわたる力量形成や信頼構築を阻み続けることになると警鐘を鳴らしている。こうした改革の行き着く先は教育という専門職の崩壊であり、子どもたちの学びや成長、すなわち国際的責任や価値、感覚、多文化やジェンダーの相違への寛容などに対する教育の放棄に等しい。

これに対抗するために、ハーグリーブスは、自律性や柔軟性を持って教職員が学び合い、他者に関心を持とうとする「学び合うコミュニティ（ケアリング・コミュニティ）」をいかに構成できるかが重要であると論じている。「一任システム」は確かに、キャリア形成の要件やスタンダードに乗るのが難しい女性教員に粘り強く声がけし、管理職へと導く自律性や柔軟性があった。それを踏まえると、「一任システム」には一律的な目標管理を乗り越え、教師の多様なキャリアを許容し、教師が豊かに力量形成していく自律性や柔軟性を持つ「学び合うコミュニティ（ケアリング・コミュニティ）」としての機能の展開が期待できるのではないだろうか。

「一任システム」はこのように、各県や各学校、教員たちのさまざまな事情や状況を組み込むことのできる柔軟なシステムであり、昨今の管理職の資質能力やマネジメント力などの「要件化」を中心とした管理職養成の動向に対し、別のあり方を提言できる可能性を持っている。それは、マネジメントは〈teaching〉の延長にこそあるという提言である。現在の管理職養成システムは、管理職に求める力量をいわゆる〈management〉に焦点化して要素化する方向で進行している。しかし、教員の力量形成やキャリア形成においては、教員の初任期から連続して形成してきた〈teaching〉の力量を源泉に、管理職期の〈management〉があることが指摘されている（河野ほか 2012; 深澤・重川 2015）。この連続した〈teaching〉の力量形成は、ハーグリーブスが述べる「学び合うコミュニティ」に近い教員文化、すなわち、さまざまな事情を組み込みながら教員や学校を支えることが可能な「一任システム」の利点を生かした教員文化によって構成されていくことになるのではないだろうか。

ただし、繰り返しになるが、「一任システム」が自律性や柔軟性を持った教員の学び合いを支え、保障していくものとして機能するために、「家庭責任」に対する「調整」を教員個々に暗に求める面をどのように克服していくとよいだろうか。そして、キャリア要件やモデルのパタン化といったスタンダード化の方向で動いている今日的な政策動向に対して、「一任システム」が持つ多様なキャリアを許容する面がいかに機能しうるだろうか。【高率・大規模県】や【低率・小規模県】で語られた「危機感」とそれに対する新たな取り組みの展開に着目しつつ、キャリアの要件化やパタン化が女性教員のキャリア形成にもたらす問題については、今後もさらに検証していくことが求められる。

注

（1）河野ほか（2013）も参照のこと。

（2）マトリックスは、木村ほか（2015: 109）の表4をもとにしている。

（3）木村（2016）に二〇一五年四月一日現在および二〇一六年四月一日現在の受験資格データを加えて分析している。

第五章　ジェンダーの視点で見る学校管理職養成システム改革の現在
――「一任システム」の崩壊と課題

木村育恵・河野銀子

前章では、県立学校の管理職選考試験の受験要件のうち、「職種要件」や「推薦者の必要有無」が女性校長比率とどう関係しているのか、その傾向を既存のデータから明らかにするとともに、教育行政の人事担当者らへのインタビュー調査によって、昨今の受験資格の要件化等による「見える化」が、特定のキャリアパタンの固定化につながりかねないという問題を明らかにした。本章では、「一任システム」が昨今の教育改革や政策動向によって、大きく変容している側面をあぶり出し、それが女性の学校管理職養成や人事にどのような問題をもたらす可能性があるのかを検討する。

1　男女共同参画政策に見る学校管理職養成

これまで見たように、国は「第三次男女共同参画基本計画」（二〇一〇年一二月閣議決定）においで、初等中等教育機関の教頭以上に占める女性の割合を二〇二〇年までに三〇％とする「二〇二〇年　三〇％」の目標を掲げた。二〇一五年一二月に閣議決定した「第四次男女共同参画基本計画」では、その成果目標が「二〇二〇年　二〇％以上」と下方修正された。しかし他方では、「独立行政法人教員研修センターが実施する校長・教頭等への昇任を希望する教員等が参加する各種研修等に女性枠を設定すること、女性の校長・教頭等への登用に向けた意識づけ、女性管理職ネットワークへの参加促進」などのように、女性教員のキャリア形成に関して取り組むべき課題が具体的に書き込まれるに至った面もある。

女性のキャリア形成課題に対するこうした動きは、二〇一五年六月の「女性活躍加速のための重点方針二〇一五」を受けて行われている。この重点方針には、教頭・校長などへの昇任を希望する教員が参加する各種研修などに女性枠を設定する、ポジティブ・アクションが盛り込まれている。「第四次男女共同参画基本計画」にキャリア形成課題が明記されたのは、この流れを引き継ぐものである。この流れは、いわゆる「女性活躍推進法」（二〇一五年八月成立）以降に示された「女性活躍加速のための重点方針二〇一六」にも引き継がれている。

男女共同参画政策と同様のこうした文言は、教員の養成・採用・研修の一体的改革を求めた中央教育審議会答申（2015）『これからの学校教育を担う教員の資質能力の向上について～学び合い、高め合う教員育成コミュニティの構築に向けて～』にも採用されている。現在、管理職として女性教員を育成・登用することへの積極的政策が採られようとしていることがわかるだろう。これまでの教育政策がジェンダーに敏感でないことに対して「現実を見ていない」との指摘（河野 2011: 2）もあったことを鑑みれば、昨今のこうした動向は、女性教員の育成や登用に関する教育政策の大転換にも見える。果たして、ジェンダーに敏感でないという教育政策に対する批判は、もう過去のものとなったのだろうか。また、今日的な流れや動向を受けたこれらの施策によって、学校教育における女性管理職は増えていくのだろうか。

本章では、前章までの議論を踏まえ、教員らの自律的な文化様式として編み出されてきたキャリア形成システムである「一任システム」が今日的な教育改革・政策動向によってどのように変化するのか、それがとりわけ女性学校管理職の養成や登用、人事に関してどのようなジェンダーの問題をもたらす可能性があるのかを明らかにしたい。

2　学校管理職をめぐる政策動向と教員のキャリア形成

(1)　学校管理職の育成・登用に関する改革動向と「一任システム」

教員のキャリア形成や学校管理職をめぐる議論は、すでに見たように、二〇一二年八月の中央教育審議会答申を機に、学校管理職の育成や力量形成プロセスの制度化に向けて、具体的な検討段階に入っている。二〇一五年一二月の答申では、(1)教職生活全体を通じた一体的な改革、学び続ける教員を支援する仕組みを構築する必要があるという二〇一二年の答申を受け、教員のキャリアステージに応じて身につけるべき資質能力の明確化のため、それに対応した研修を計画・実施する際の基軸となる「教員育成指標」を作成すること、研修においては大学などと連携し、受講した研修の単位化などについて協議する仕組みを構築することなどがめざされている。実際、いくつかの都道府県や指定都市(以下、県市)では、教員育成指標を作成し、キャリアの各ステージでの評価区分や評価の着眼点、各ステージで求められる資質能力の詳細が示された。(2)こうした流れのもと、二〇一六年一一月には、中央教育審議会答申の提言に基づき、「教育公務員特例法等の一部を改正する法律」(以下、「改正法」)が公布された。「改正法」では、公立学校教員の任命権者に対し、文部科学大臣が定める教員育成指標の策定に関する方針を参酌して、公立学校長および教員の資質向上に関する指標および教員研修計画を策定することを質向上研修に改めることなども定められた。

義務づけた。この他、中堅教諭などの資質向上を図るべく、一〇年経験者研修を中堅教諭等資質向上研修に改めることなども定められた。

これら一連の改革では、学校管理職の登用前の育成が重視され、ミドルリーダーの養成や管理職候補者となる教員に対する学校マネジメントにかかる学修の充実がめざされている。また、管理職コースの設置や、教育委員会と連携した管理職研修の開発・実施も必要とされている。

以上のような方向性は、トップリーダーとしての力量形成のために、教職大学院や教員研修センターでのマネジメント中心のメニューを管理職養成のプログラムに組み込み、管理職選考の要件としても設定していこうとするものである。前章でも述べたように、言い換えれば、「〈よい校長〉になるための見えやすい要素をマイルストーンとして設定し、それをこなすロードマップを示す方向で制度化が進められている」（木村ほか 2014: 213）のが、学校管理職の育成や登用をめぐる今日の改革動向である。

一方で、こうした状況のもとでは、「一任システム」という教員のキャリア形成のありようが変化する可能性がある。「一任システム」とは、先述のように、多様な声がけの中で異動希望を「一任」する連鎖において、外形上結果として校長に選ばれていくシステムである。ただし、「一任システム」には、家庭責任などに対する調整を個人に暗に求める問題が内在する（河野ほか 2013）。しかし、たとえそうだとしても、教員たちが自律的にそのシステムを運用し、「個々の能力を教員集団内での日常的業務の積み重ねによって形成・発揮」（木村ほか 2014:

222）させ、多様な力量を形成してきた女性教員が管理職候補者として声がけされ、見定められてきた側面がある（木村ほか 2014）。他方、先述したキャリア形成要素の「見える化」路線は教員が自律的に運用するシステムではなく、行政が主導のシステムである。つまり、昨今の「見える化」路線は、教員同士で支え合って力量形成してきたシステムと、その前提となる教員の自律性を大きく変容、弱体化させていく可能性を内包している。仮に、教員たちの自律的なキャリア形成システムの運用が失われれば、行政が示したキャリア形成の時期区分やキャリアの型に適合可能か否かによって、その後の処遇が大きく変わる恐れがある。言い換えれば、管理職に向けたキャリア形成は、示された時期に示された研修や役割を経験することでのみ実現可能となる恐れがある。外部から提示されるワーク・ライフ・バランスをかえりみないキャリア形成方法に従順でなければ、管理職をめざすことが難しくなると考えられる。

以上を踏まえると、現在進行中の管理職養成改革によって、女性教員のキャリア形成がいっそう管理職に結びつきにくくなることが懸念される。以下では、この問題を検討していく。

（2）学校管理職に向けた女性教員のキャリア形成に関する先行研究

冒頭で、従来の教育政策にジェンダーの視点は見られなかったと述べた。厳密にいえば、女性教員のみを対象とした管理職への意識づけ等にかかる研修がなかったわけではないが、女性教員の「参画」を念頭に置いた制度設計はとられてこなかった。学校管理職をめぐる制度設計においても、校長・教頭の幅広い人材確保として、「若手」を積極的に任用することは明記されても、「女性」の任用に関する記述は見当たらず（河野 2011）、国立教育政策研究所が行った調査報告（2014）においても、学校管理職候補者の育成・確保に関する議論・調査の中にジェンダーの視点は皆無であった。先行研究が明らかにしてきたように、このような教育政策上のジェンダー視点の欠如は、女性教員のキャリア形成に困難を生じさせる。教員社会における役割の成立過程には、表面上は性別を理由としていないように見えるが、結果として女性を排除している「システム内在的差別」（河上 1990）が存在するためである。たとえば、部活動のように、土日を問わず、場合によっては何日も合宿するなど、時間の融通が求められる場面や役割が教員社会には多々ある。しかし、家庭に関する責任を女性が一手に引き受ける社会の風潮のもとでは、女性教員は自ずとそうした場面や役割から排されていくことにならざるをえず、結果として教員としてのさまざまな役割経験や力量形成から外れていくことになる。しかし、先述したように、現在の管理職育成・登用をめぐる議論には、管理職に向けた研修などに「女性枠」を設定することが明記されるといった方向転換が見られる。女性教員のみを対象とする研修設定やそこへの参加と違って、こうした施策は、基本的に男性教員が受けてきた従来の研修への参加機会を女性に開いた点で、教員としての経験を広げる利点があるように思われる。

女性教員のキャリア形成過程の経験や役割を取り巻く問題に対しては、職業的社会化過程の体系などの観点から、次のことが指摘されてきた。たとえば、リーダーシップを兼ね備えた女性校長のキャリア形成や育成過程に主任経験などの機会や場が重要である（高野・明石 1992）ものの、女性教員が男性教員とは異なる拘束を受けており、管理職として日常的に養成する経験装置が極端に希薄であること（蓮尾 1994）、教員としてのキャリアの入口の後にジェンダー・トラックが存在し、管理職の男性中心構造が維持されていること（女子教育問題研究会 2009）などである。

こうした女性教員の管理職へのキャリア形成や育成に対しては、女性教員のキャリア開発と、それを支える法整備や人事施策などの整備・改善が必要である（楊 2007）。教員社会では、教育行政が教師個人や集団を関係づけ方向づける支配的文化となる（佐藤 1994）が、この支配的文化の醸成基盤である教育行政機関（県教育委員会）での昇任人事などに関しては、教育行政の人事権者による教員の昇任管理には多様な運用があること（川上 2013）、県によって女性校長登用の契機がさまざまであり、教育行政機関のリーダーシップが大きな比重を占めていること（高野 2006）が指摘されている。

このように女性教員の管理職に向けたキャリア形成のあり方については、教育行政の方針や施策の動向を踏まえて議論を重ねる必要がある。女性の管理職への育成・登用の促進を掲げる政策下で、いったい、女性教員はどのようなキャリアを形成していくのか。はたして、一定のキャリアパタンしか許容しない施策が進められていくのか、それとも多様な教員のワーク・ライフ・バランスを展望した施策が進められていくのか。次節では、管理職の道を歩まずに定年まで勤めた女性教員へのインタビュー調査によって、学校管理職登用・育成に関する今日的政策動向の問題点について検討していきたい。

3　県立学校管理職をめぐる実態

はじめに、学校管理職として見定められ登用された男女校長の置かれる状況を改めて見ておこう。前章でも見たように、県立学校に占める女性校長の割合の全国平均は二〇一五年度になって初めて一割に及んだのが現状である（一〇・四%）。また、県立学校長として配属される学校には、男女で大きな偏りがあった。一般的に、教職という領域に対しては男女平等原理が機能していると広く認識されているが、実際には企業における男女間の職務格差（大槻 2015）と類似する構造が明確に存在していることがわかる。

次に、各県の管理職選考試験の受験資格が女性校長比率とどのように関係しているかを振り返ろう。前章では、各県を女性校長比率の高率県（二二県）と低率県（二五県）で分け、さらに学校数の分布状況（多・中・少）を踏まえた六つの県タイプと、学校管理職選考試験の四つの受験資格（年齢制限、経験年数、職種資格、推薦者の必要有無）との関係を見た。その結果、統計的に有意といえないものの、第一に、女性校長比率の高い県タイプにおいて推薦者を必要とする場合が多い傾向が見られ、第二に、職種資格については、主幹教諭経験を有するなどの要件がある県ほど、女性校長比率が低い傾向がうかがえた。

以上のように、教員らが性別によって異なる状況に置かれていることが見えてきた。まず、校長の女性比率がきわめて低い上に、どのような学校に配置されるかも性別によって大きく異なっていた。また、女性管理職候補者の見定めに、推薦者の存在が関係している可能性が少なくないことも示唆された。これまでの教頭・副校長の管理職選考については、登用試験制度が女性管理職を増やす機能を果たしてきた（高野 2006）側面があったのだが、現在進められている管理職選考の職種資格の「見える化」のもとでは、女性校長が低率となる可能性があることもうかがえた。

では、女性教員が管理職候補者として見定められる実態はいかなるものだろうか。以下では、非管理職インタビュー調査の結果をもとに捉えていく。

4　インタビュー調査の概要

ここまで見てきたように、学校管理職改革は女性管理職の割合を高めることに寄与しないことが推測される。先にも述べたように、教員人事のあり方や管理職への女性登用については、都道府県によって違いがある。そこで、国に先駆けて斬新な人事考課改革や管理職育成改革を実施してきた地域を対象とし、特に「非管理職」の道を選んだ女性退職教員の視点から管理職に向けたキャリア形成のありようを逆照射することで、現在進行中の学校管理職の養成・登用改革の行方を見極める。

（1）インタビュー調査の実施概要

非管理職の教員を対象としたインタビュー調査の実施概要は、下記のとおりである。

・実施期間：二〇一六年五月
・実施場所：インタビュー協力者の居住地域内の大学関連施設や公共施設の会議室
・実施方法：一名の協力者に対し二人組で半構造化インタビューを実施。事前に記入してもらったキャリアに関する諸経験等を参考にし、一時間半〜二時間程度で行った。
・調査協力者：女性退職教員四名（家庭科二名・英語科一名・保健体育科一名）（機縁法による）

（2）インタビュー協力者の概略

四名のインタビュー協力者は、全員が一九七〇年代に私立大学を卒業し、定年までの約三八年間、教職に就いている。四名のうち三名は配偶者がおり、うち二名は出産と子育てを経験している。配偶者は、同じ教員であったり、民間企業に勤務していたりとさまざまである。なお、彼女たちのほとんどが、定年退職後も、非常勤や再任用教員として高校に勤務している。定年までの勤務校数は四～七校で、進学校を含む普通科高校、農業や商業などの専門高校や総合制の高校の他、私立高校や公立中学校で一五～二〇年の勤務経験がある人もいた。いずれも豊富な担任経験を持ち、総務や生活指導、進路指導、教務などの校務分掌で主任を務め、中には一校で七年も教務主任を務めた人もいる。

5　インタビュー調査から得られた知見

ここでは、まず、インタビュー協力者たちが管理職にならなかった理由を捉え、次に、彼女たちが管理職キャリアをどう見ているのか、述べていく。

(1)　管理職にならなかった理由

前項からわかるように、インタビュー協力者らは四〇年近い教職経験を持つベテラン教員である。そして、定年後にも教員を続けているのは、本人たちが教える仕事にやりがいを感じているだけでなく、そうした彼女たちを学校が求めているからであろう。実際、キャリアシートに書き出された彼女らの経験は、行政経験こそないものの、担任や主任等、校長となった女性の経験と大きな違いは見られなかった。したがって、管理職としての資質が欠如していたとは考えにくい。そのことは、実際に全員が管理職にならないかとの声がけを経験していることからも明らかだ。つまり、「なれなかった」のではなく、「ならなかった」のである。彼女たちは、なぜ管理職にならない道を選択したのだろう。

彼女たちから語られたおもな理由の一つは、夫妻とも管理職になることを避けたこと、そして長時間労働を避けたことである。

たとえば、夫が副校長の時に管理職にならないかと声がかかったインタビュー協力者は「夫婦して二人で（管理職）やったら、家がどうなっちゃいます？」と断ったという。こうした拒否感や違和感の背景としては、本人の意思の他に、教員カップルの両方がともに管理職になることを「共管《ともかん》」などと言って忌避する教員社会の不文律や、(3) ワーク・ライフ・バランスを考慮しない教員社会の長時間労働の慣習があげられた。後者については、次のような語りもあった。

（副校長は）やっぱり最後まで、七時に残って（学校の）鍵閉めてってと。大変な学校だと、そのあと生徒指導があるので、管理職は残ってなきゃいけないじゃないですか。そうすると一緒に付き合わなきゃいけないので、やっぱり遅くなるって。で、保護者が来るのが七時とか、七時半とか、なかなかね、私たちの時間に合わせてもらえないってところもあるので、そういう意味では大変なのかなって。

こうした長時間労働は管理職だけの問題でなく、そのキャリア形成途上にある教員も同様である。そのため、小学校の学童保育や子の祖父母によるサポート体制がないと、生徒指導主任などに上がるのは厳しいという。

先に述べたように、日本の教員の平均勤務時間は長く、三人に一人（三五・八％）が国で過労死ラインと定める「月八〇時間以上の残業」（持ち帰り業務を含む）をこなしているという指摘もある（全日本教職員組合 2013）。同様の傾向は、文科省委託調査（ベネッセ教育研究開発センター 2007『教員勤務実態調査（高等学校）』）でも見られ、中でも、教頭、副校長の労働時間の長さはきわ立っている。(4)

以上のようなインタビュー協力者の語りは、管理職向けた女性教員のキャリア形成を考える上で示唆的である。夫が教員でなかったり教員でも学校管理職になったりする見込みがなければ、あるいは、管理職がとりわけ長時間労働でなければ、管理職への道を拒むことはなかったと受け取れるからだ。「共管」や長時間労働を美徳とする慣行が彼女たちに管理職への道を選ばせなかったことは、女性校長の語りとも合致する。女性校長らは、シングルだったり育児支援が得られる状況であったり、夫が民間企業に勤務していたり、また時には上述した慣行をよしとしない文化の学校に勤務していたりした。そうでない場合には、とにかく必死で男性校長並みに働く様子が語られた。したがって、女性管理職を増やすには、教員社会に存在するこの二つの慣行の見直しが必要と考えられる。つまり、夫妻ともに管理職になることを歓迎する価値を教員らが共有し、長時間労働を制限する働き方改革を断行すればよい。

しかし、さらなるインタビューを通して、この二点が解決すれば管理職をめざす女性教員が増えるとは考えにくい実態が見えてくる。そこには、われわれがこれまで行ってきた現役および退職の女性・男性校長や教育委員会に対するインタビューでは見えてこなかった、学校管理職登用・育成の現状と問題点が浮かび上がってきた。以下では、それらを、（2）「見える化」を基調とする改革によるアチラ／コチラの分断、（3）高校という階層構造における女性の周辺化、（4）女性教員のケア的労働の実態の三点に整理した。

（2）「見える化」によるアチラ／コチラの分断

インタビューにおいて、彼女らは、管理職を「アチラ」と称することで、自らが属する「コチラ」と区別していた。教員と管理職の分断は旧来から存在しており、この分断は学校組織によって構造的にもたらされている。しかし、今回のインタビューで明らかになったのは、教員と管理職のこうした構造的分断が、いわゆる鍋蓋型組織から官僚制組織への改革が進む中で、いっそう顕在化してきたということである。それは具体的には次の三点に集約される。

一点目は、管理職になることが生徒第一に教育に心血を注ぐことからの離脱を意味することから生まれる分断の問題である。教員は教育を通じて「生徒と一緒にいろいろするのが教員」なのである。あるインタビュー協力者は管理職への声がけがあった時、次のように思ったと語る。

（管理職になると）授業を持たないっていうのは嫌だと思いました。（中略）だって、子どもと接触しないじゃないですか。私は授業が楽しいし、子どもと一緒にああやって、ガタガタいろいろなことをするのが楽しかったので、それができないっていうのは、まったく魅力がないと思いました。だって、授業しないんですよ。生徒とも一切そういう関わりがないわけじゃないですか。だから全然そこで魅力がないなと思いました。

つまり、教えることが好きで、生徒を第一に考えるからこそ、アチラ（管理職）への道には進まず、コチラに居続けるという旧来からある論理による分断であるが、管理職が教えるという仕事とは異なる仕事として位置づけられていることがうかがえる。

二点目に、昨今の「見える化」政策が、もともと構造的に存在した「管理職と教員」という分断を明確にしているという問題である。「直接生徒指導に関わるようなことでなく、教員の管理体制に関わるような、お仕事の量が増えてるわけですよね」といった語りは、学校運営における管理主義の強化があらわれており、それは、コチラ側からすると、「結局、教員対教員でしょ、管理職って」ということになる。教員を管理することに没頭する管理職の姿は、卒業式のような場面でも顕在化する。「（卒業式の司会・進行は）普通、副校長がやるじゃないですか。でも副校長は今、あの、君が代を、歌ってるか歌ってないかとか全部見るんで、式の司会をしないんですよ」と語る。生徒たちにとって晴れがましい卒業式の日に、管理職は教員をチェックしているというのである。そうしたアチラの姿は、コチラからは「向いている方向が違う」

と見えるし、「生徒に近い目線をなくしちゃってる校長先生」を嘆く声もあった。

さらに、インタビューからは、管理職が「有名大学への進学実績といった数値目標達成」のために教員たちを煽り立てること、それに耐えきれずに管理職への道から離脱せざるをえなかった教員が複数いることが明らかになった。新たな管理職は、教えることから遠ざかるだけでなく、目標達成のために数値に翻弄されるようになっていることが映し出される。

三点目に、行政主導の教員評価と人事考課(5)の「見える化」によって、世代間の分断が生じているという問題である。たとえば、管理職が「数値目標いくつですかみたいな感じ」に教員を駆り立てる中で若手教員が委縮しているというのである。「今までは、プリントとかね、しゃべりたいことは結構しゃべれた」が、「今はもう画一的に授業観察が入るし、こんなプリントじゃだめだとか、特に若い先生が、（中略）言われちゃうんですよね。それで逆に若い先生が萎縮しちゃう、管理職に対して萎縮しちゃってこう、のびのびできない」状況にあるという。世代の異なる教員同士の意見交換を土台とした柔軟で自律性のある従来の教員文化が変容し、解体されつつあることがうかがえる。このことは世代間の分断を生むだけでなく、教員たちから若手教員を育てる機能をも奪ってしまう。「もっと柔軟に考えていけば、もっと個性のある教育もできるはずなのに、一律化になってきちゃうだろうし、その先生のそれぞれのスキルが生かせない」からである。

こうした背景について、昨今の法改正により管理職に「権力を持たせた」結果、学校運営のあり方がトップダウン的になり、教員らが意思決定プロセスにかかわれないシステムになったことも関係していると語られた。「職員会議が議決機関じゃなくなって、（中略）報告事項しかもう職員会議がないので、（中略）発言する場がない(6)」ため、たとえば、校長が「英語推進校のあれをやりましょう」と決めれば、多少の不満があっても「みんな『あ、そうですか』みたい」に「表立って『反対』って言えない」のが現状だという。

このように、「見える化」によって進められている学校改革は、学校組織内の「アチラ」と「コチラ」を明確に分けている。アチラの主要な仕事は、教えることからの離脱であり、教員たちの行動をチェックすることであり、目標達成を煽ることとなっているのだ。さらに、学校組織の再編によるアチラ側とコチラ側との分断は、高校という階層構造と絡み合いながら、女性教員の周辺化や役割の固定化に影響を及ぼす。以下ではそれを詳しく見てみよう。

（3）高校という階層構造における女性の周辺化

大学受験を軸とする階層構造を持つ高校では、アチラ側とコチラ側の分断とセットで、女性のキャリア形成の周辺化が行われていることが示唆された。インタビューにおいて必ず指摘されたのは、大学進学実績の序列構造の中で上位に属するナンバースクールでは圧倒的に女性教員が少なく、逆に下位に属する困難校ほど女性教員が多いという教員配置のジェンダー不均衡である。この序列構造は、担当教科にもあらわれるという。それらは、おおむね次の三パターンの問題としてまとめられる。

第一のパターンは、長時間労働に裏打ちされた「ナンバースクール(7)」における管理職養成機能とジェンダーによる分断・排除である。

進学校を経験したインタビュー協力者は、「私多分、結婚して子どもがいたら、あそこの学校には行かなかったと思います。（中略）部活ができて、男と同じように仕事ができると、そういう人でないとダメだった」と語る。つまり、部活動を「土日、全部試合して練習して」なおかつ「一週間合宿に行」けるだけの時間的融通性が求められる。その結果、進学校においては、「本当に数えるしか女の人いなかった」か「私が知っているその管理職（女性）になった人はみんな独身」という状況になるという。いわゆる伝統校・進学校では、ワーク・ライフ・バランスを無視した長時間労働が要求されることを意味している。

さらに、「教務」の経験は管理職候補へと見定められていく上で重視される校務分掌であるとの認識が現場にはあるが、ここにも女性の排除が見られ、伝統校や進学校ほど「教務は男の仕事」という風潮があり、「女にはやらせられないっていう男尊女卑のすごい学校」もあると語られた。さらに、「進学校ほど、保護者対応は男性教員がよいというような文化が教員の世界にはあり、そうした人事をしているのも結局は男性」というように、長時間労働に耐え、進学校に勤務したとしても、管理職候補の見定めに必要な「教務」の経験から女性が除外されるというキャリア形成上の問題が示された。

第二のパターンは、第一のパターンとも関連した「困難校」への女性教員の固定化・周辺化という問題である。大学進学を軸とした階層構造の下位に属する「困難校」では謹慎などの処分の申し渡しのために朝早く出勤する必要があり、「もう毎日毎日」「そんな仕事ばっかし」である。そういう高校は、「女がいっぱいいいました。（笑い）それも、産休取ってて（中略）。ちょうど子育て中の方が多かったり、（中略）教員の数が少ないのに、女ばっかだった」という状況であり、それは「そもそも産休・育休で休むなんてありえないという実態」のある進学校とは対照的だという。こうした「困難校」への女性教員の固定化・周辺化は、人事異動が「（階層構造の）上の方は上で動いて、下の方は下で動く」というように同一階層内で行われる傾向によっていっそう強化されているようだ。

このような進路多様校の現場に疲れ、逃げるように管理職の道をめざしているのは「男の先生」が多いという。インタビューでは、こうした状況に対し、高校は「やっぱり男社会」であるため、困難校に勤めていても「男性としては一生涯ヒラよりは上行って校長までめざしたい」のではないかとの見解を示す者もいた。第一章で見たように、男性教員の教員としての満足度や効力感は、学力が優れた生徒が多い学校にいるか、規律の問題や学力が低い生徒が多い学校にいるかによって大きく異なっており、いわゆる「困難校」と思われる学校に勤務している校長ほど、校長職に対する満足度は低い。これを踏まえると、高校の階層構造の中で底辺に位置づく学校では、女性教員が多くそれが固定化しているのに対し、男性教員の中にはそこから脱出するために管理職をめざすというキャリア形成の差異があるということが考えられる。また、男性教員が管理職として輩出される場合も、「進学校ほど男性」という文化のもと、高校の階層構造の上にある伝統校や進学校に異動していく構造があり、それが女性教員の困難校への固定化・周辺化を強固に支えていくものと思われる。

第三のパターンは、担当教科による教員間のヒエラルキー構造の存在である。複数のインタビュー協力者が指摘するところによると、もともと女性が少ない進学校の受験主要教科は多くの場合男性が担当し、女性はそれ以外の教科を担当する傾向が強い。たとえば、「男の先生威張っているんですよ、人数多いし。（中略）『予備校なんか行って勉強しなくても、俺の授業聞いてれば大丈夫だ』みたいな」状況だという。こうした担当教科によるジェンダー的分断は進学校においてより顕著で、「三教科（英語・国語・数学）はすごい天下なんですよ。あとの五教科は平民なんです」と語られた。

対照的に、受験科目ではない教科の担当者でありながら教務主任を務める困難も語られた。家庭科教員からは、自身の科目が学校配置の人数的にも学校組織的にもマイノリティであることが頻繁に述べられ、「家庭科の教務主任は珍しいし、女性というのも珍しい」中で、教務主任を引き受けてきたと語る。

このように、大学進学実績を軸とする高校の序列構造は、女性教員割合と反比例しており、上位校であるほど男性並みの働き方が求められていることがわかる。そして、こうしたヒエラルキー構造の中で結果的に女性教員が周辺化される状況は「男の人の社会だと思いますよ、高校は。男尊女卑ですから」と語られるのである。だが、女性教員は具体的にどのような仕事や役割を担っている（きた）のだろうか。

（4）ミドルリーダー役割のもとに消費される女性教員のケア的労働の実態

インタビューからは、ミドルリーダー役割のもとに、女性教員がケア的労働の担い手として消費されている実態が見えてきた。ミドルリーダーとは、新たな管理職育成システムが構築される過程で強調されるようになったキャリアステージで、従来は「中堅期」と認識されていた時期と重なる。この段階から管理職を意識しリーダーとしての資質を向上させる狙いが「ミドルリーダー」という言葉によくあらわれているが、管理職にならない場合、この段階の長期化が想定される。それはすなわち、学校内でミドルリーダーを担う教員の役割の固定化や長期化をも意味するが、インタビューから垣間見えるのは、その役割を女性教員が負っている現状である。そしてそれは、学校内のさまざまな立場の他者へのケア的要素を伴っている。女性教員のケア的労働は、①生徒、②若手教員、③スキルや経験の伴わない管理職に向けられている。

第一に、生徒に対してのケア的労働として、「困難校」に配置された女性教員たちが、授業以外にも生徒たちが直面するさまざまな課題に対峙していることがあげられる。たとえば、体育祭の準備を生徒主体で進めるための支援については、「委員会を立ち上げて、生徒たちにいろいろ話し合いをさせて、で、自分で全部やっちゃえばいいんですけど、結局生徒を使ってやると時間がかかるんです」と語られた。教員主導で進めれば早くすむ仕事を、生徒たちが自主的な活動として遂行するよう時間をかけて見守っているのである。このような「ケア的労働」は、生徒第一に考える女性教員が引き受けやすく、だからこそ、アチラには行かずコチラに残って、そのままミドルリーダーとしてその仕事を引き受け続けることになりやすい。加えて、「ケア的労働」は数値による評価がしにくいため、結果として女性教員が「困難校」に置かれ続ける恐れがあり、ひいては女性教員の周辺化・固定化につながることが懸念される。

第二に、女性教員のケア的役割は、若手教員の育成にも遺憾なく発揮される。「育ててあげないとっていうのもある」と考え、ミドルリーダーとして若手に仕事をふり、「研究員の仕事とか、それやりなさいって私は勧めてるんですよ。（中略）異動する時にそういう経歴がないと今は、ステップアップにはつながらないから」と言って、若手教員らのキャリア形成に配慮するのである。これらは、教員世界の後進を育てるという極めて重要な仕事でありながら、要素化して教員評価項目にするのが困難であり、当然ながら数値化にはなじまない仕事である。女性ミドルリーダーのこうした現状を「いいとこ（評価されやすい仕事）はみんな男が取っていく」と語るインタビュー協力者もいた。

第三に、女性教員の「ケア的労働」は、スキルや経験の伴わない管理職（および管理職候補者）のサポートにも向けられる。たとえば、別の進学校から来た主幹教諭に対して、「周りの人たちが、結局仕事をやってあげるじゃないんだけど、読めないから、次に何があるとか、ほら。（中略）教務主任の経験がない人が上にすぐあがっちゃうと大変だなって気はしますけどね」という具合に、教務主任経験がない主幹教諭を支えるのである。昨今の改革では、キャリアステージに応じた資質能力が明示化され、それを身につけることが求められるとともに、そうした既定の要件を満たすことを管理職選考試験の受験要件にしている県もある。これはすなわち、試験に受かれば管理職になれることでもあるため、「教員としては生徒とうまくいかなくって人」などの「ちょっと教員としては不適格かなっていうような人も（管理職に）なって」いるのである。こうした新制度が生んだ負の人材を学校現場で支え、その資質能力を向上させる役割をも担っているのが、女性ミドルリーダーなのである。

このように女性教員のミドルリーダーとしての力量は、学校内部の多様な成員に対するケア的労働として消費される。しかも、その労働は「見えていない」上に、教員評価の項目にもほぼ上がってこない。

(5) インタビューから見える女性教員のキャリアの実態

以上、管理職育成にかかる改革を先行して行っている地域でのインタビューから、次のことが明らかになった。

第一に「見える化」路線によるトップダウン的な学校運営への転換により、教員と管理職の分断がより顕著になっていること、第二にこうした分断が高校における配属校や担当教科といった階層構造と絡み合って、教員としての職務や職域の男女分離を促進、固定化させていることである。そして、第三に、女性教員がミドルリーダー役割として、生徒・教員・管理職に対するケア的役割を一手に引き受けていること、第四に、こうしたケア的労働は「見える化」で示されるようなキャリアの要素にしづらく、したがって教員評価の項目にもなりづらいため、評価されない仕事を女性が担う図式がさらに潜在化する可能性があることである。

このように、女性教員の周辺化と評価されない役割の固定化は、高校という階層構造のもと、幾重にもわたるフィルターを通じて実践されている。しかも、それが「見える化」による評価項目の公式化の陰で「見えない」状態で構造化されつつある。教員のキャリアステージと求められる資質能力を明確化した「教員育成指標」を公開している県市があるのは、先に見たとおりである。その指標と照らし合わせると、女性教員に固定化され、実質的に担われている後進の力量形成への配慮は、管理職期の手前のキャリアステージで求められている人材育成的な役割に重なるところがある。ただし、たとえ後進を育成する役割を積み重ねてきたとしても、女性教員がその先の管理職へとキャリア形成していくのは容易ではない。幾重にもわたるフィルターを通じて行われる女性の周辺化と、評価項目になじまないケア的役割の固定化によって、結果、女性教員のキャリアは、自ずと学校成員を一手に支えるミドルリーダーのプロにとどまり、ケア的労働の一切を担い続けることになるのである。

6　ジェンダーの視点から見た「見える化」の課題

前節で見た先行例を踏まえると、現在進行中の「見える化」を基調とする管理職養成改革が全国的に普及すれば、従来のさまざまな経験を積ませるための声がけや多様な見定めを経て管理職になる「一任システム」が機能しにくくなることを示唆している。「一任システム」は管理職の資質がありながらもライフステージによっては管理職の道を迂回せざるをえない、「スタンダード」な流れに乗ることが難しい女性教員をも拾い上げてきた。「一任システム」におけるアチラとコチラの分断が緩やかであり、年齢や職位を超えた教員間の交流や同僚性が介在する余地があったことが、それを可能にしていた。管理職への「スタンダード」な道を外れたり、また家庭責任などとの兼ね合いでキャリアを躊躇したりする女性教員がいた場合でも、資質を見出し、研修や学びの機会を提供し、断っても我慢強い「声がけ」ができたのである。しかし、新たな管理職育成システムにおいては、その機能の維持が難しい。先のとおり、幾重にもわたるフィルターで男女教員の配置や職務を分断し、女性の周辺化を促すだけでなく、評価される労働と評価されにくい労働の性別による分断や固定化を強化すると考えられるからである。

つまり、現在進められている学校管理職の育成・登用改革は、女性教員をさまざまに引き上げる現場の自律性を持つ「一任システム」の機能を喪失させ、既存の長時間労働を前提とした女性の周辺化を促進する官制主導のシステムへと取って代わられる可能性がある。「一任システム」が崩壊すれば、女性教員が管理職としてのキャリアを形成する余地が少なくなり、「二〇二〇年　三〇％」へと引き下げられた数値目標の達成すら実現しないことも考えられる。

他方、「一任システム」には、長時間労働を前提に家庭責任などに対する調整を暗に個人に求めるという面がある。これは制度化が進む管理職養成の「見える化」がもたらす女性の周辺化、性別職務分離と親和性が高く、今後も維持される懸念がある。結局のところ、男性並みの労働、もしくは国が示すスタンダードに乗れる女性しか〈よい校長〉になれないという問題が生じかねない。さらにこのことは、新たな分断を生み出しかねない。それは、女性内のアチラとコチラの分断であり、このことによる無用な対立の増幅が懸念される。われわれはインタビューを通して、すでにこの兆候があらわれていることを知った。インタビュー協力者たちが、女性管理職をどのように見ているかが反映した語りを取り上げてみよう。

その彼女の場合は、まあちょっと特殊な例であれですけど、うん。あと、本人がほしいものは名誉だけかなっていうタイプの人だったんで。はいはい（笑い）。

昔一緒だった先生、女の先生はね、もうなりたくてなりたくて。（中略）管理職に自分がなりたい、そっちの利益になる仕事だけ一生懸命やって（中略）そういうのやったりとか、もう、何しろその点数になる仕事やってましたね。やってました、で、なりました。

インタビュー協力者たちにとって身近な女性管理職は、名誉欲を満たすために校長をめざし、校長になるのに効果的な要素だけに傾注してキャリアを形成したと映っている。そしてすでに述べてきた女性校長たちに見られたように、これらの女性校長たちもまた、長時間労働や家庭責任の問題をクリアできた「特殊」な女性教員であろう。こうした特定の女性教員たちが、男性の多いアチラ側に加わる構図ができつつある。このことは、すでに述べたポジティブ・アクションの成否を占う上で見逃せない兆候ではないだろうか。つまり、管理職育成に向けた研修に「女性枠」を設けたところで、それを活用するのはこれらの女性であり、こうした〝やる気〟のある女性が「女性活躍」のシンボルとして高く評価され、コチラ側との分断がさらに顕著になることが懸念される。

さらに、「見える化」が進めば、一定の型にはまったキャリア形成の要素をクリアし、登用試験に受かれば管理職になれることから、スキルや経験が欠如した「不適格」な男女管理職を増やすことになりかねない。そうすると、管理職の欠点を補う、見えない・評価されない「ケア的労働」を担う教員の需要が高まり、結果として女性教員がミドルリーダーのプロとしてその労働を引き受けざるをえない状況が強まる恐れがある。

現在進められている「見える化」を基調とする教育改革は、教員のキャリア形成を、数値目標の達成によって推し進める傾向がある。これは、今日的な改革が教員のキャリア形成を、研修内容や指導体制の制度化による限られた枠内だけで限られた力量や技術を獲得させることを要件化し、数値目標によって管理・評価することにとどめてしまうことを意味する。しかし、教員が力量を形成しながら成長し、キャリア形成していく上では、学校生活や家庭生活など学校内外での日常的な営みにおける多様な経験や交流といった、制度化されないインフォーマルなものが重要な機能を果たしている（山﨑 1994, 2016）。標準化された実践に限定されない、自律性や柔軟性を持った教員相互の学び合いが、教育を支えていくのである（Hargreaves 2003 = 2015）。「一任システム」は、このような教員の生涯にわたる多様な力量形成を教員相互が自律的に保障し合う教員文化を支える重要な役割を果たしてきたのである。数値目標や要件の達成を前提とする今日の一元的なキャリア形成が進行すれば、「一任システム」が保障してきたものが失われることになる。つまり、「一任システム」の崩壊とは、自律性を内包しながら個人の多様な経験や学びと力量形成を保障する教員文化そのものの崩壊を意味する。すでに、教員集団の凝集性が弱まって教員の私事化が浸透し（油布 2007）、教員の同僚性の崩壊（加野 2010）が見られるなど、「一任システム」の内部からも自律的な力量形成が崩壊していく土壌があることがうかがえる。これに加え、学校教育の現場をますます硬直させ、教育そのものを一層の危機にさらしていく改革が進む中で、管理職の魅力はいかなるものであろうか。

〈teaching〉と切り離され、教員たちとの間に分断を生み、評価に駆り立てられる日々を、いったい誰が望むのか。

こうした文脈の中で、女性に対するポジティブ・アクション（数値目標や女性枠の設定）を手立てとする、女性管理職を増やす政策がとられている。長時間労働の改善を伴わないままに、これらの政策が同時に進行すれば、数値目標達成を優先課題として管理職候補者が見定められ、一方の性のみが家庭責任との折り合いをつけなければならないという問題は温存される。このことは多様な形のリーダーシップの可能性を排除し、女性教員の周辺化を再生産する恐れがある。女性の活躍を加速的に促進する政策においては教育改革のように事細かな評価を組み込んではいないが、このことは多様なキャリア形成を意味しない。すでに述べてきたように、管理職に向けた教員のキャリア形成は標準化されつつある。この仕組みをもって女性管理職の増加政策が加速するとき、性別を問わず規格に合う従順なキャリア形成しか許容できないことは明らかだ。

管理職に向けて女性教員を積極的に育成・登用しようとする政策の成否は、「見える化」によって見えにくくなる女性教員の現状をどれだけすくい上げられるかにかかっている。そのためには、自律性を内包しながら個人の多様な経験や学びと力量形成を保障する教員文化において、学校の労働慣行やキャリア形成のあり方の見直しが図られる必要があるだろう。つまり、教員たちの手によって、多様なキャリアを形成するあり方が模索される必要がある。それが保

つ教員そのものが日本の教育社会から失われていくことになるのではないだろうか。
る限られた者しか管理職にはなれず、女性管理職が増えないどころか、多くの豊かな力量を持
障されなければ、標準化されたキャリアパタンと規格化された資質能力に合わせることのでき

注

（1）中央教育審議会（2015）『これからの学校教育を担う教員の資質能力の向上について〜学び合い、高め合う教員育成コミュニティの構築に向けて〜』。

（2）中央教育審議会初等中等教育分科会教員養成部会第九二回（二〇一六年二月）配布資料4－2。

（3）公立小学校女性校長のキャリア形成を照射した高野（2006: 117, 233）においては、「旦那さんが校長やるなら奥さんが辞めねば」と校長だった女性側が降格させられるなど、夫婦で教師の場合は夫の昇任が優先されたりする風潮があることが描かれている。

（4）全高校教員の勤務日一日あたりの平均残業時間量は一時間四三分、持ち帰り時間量は二六分、教頭・副校長の場合は順に二時間三八分、一六分であった。

（5）新しい教員評価によって学校教育の現場に分断が生じることについては、たとえば、諸田（2010）や金子（2010a）でも指摘されており、教員と管理職のコミュニケーションを通じた同僚性や協働が必要であるとの指摘もある（勝野 2009）。

（6）職員会議は、二〇〇〇年一月二一日付の「学校教育法施行規則等の一部を改正する省令の施行について」によって、「校長の権限と責任を前提として、校長の職務の円滑な執行を補助するもの」と規定され、校長の職務遂行のための補助機関とされた。

（7）ここで「ナンバースクール」とは、一般的に歴史のある伝統校であり、かつ、進学を目的とする上位校、エリート校のことを指している。

終　章　女性校長は増えるか

河野銀子

これまで見てきたように、ＴＡＬＩＳ調査参加国の初等教育機関の女性校長割合の平均は約五四％、前期中等教育機関のそれは約四九％という中、日本では、初等中等教育機関の教頭以上の女性管理職割合を二〇二〇年までに三〇％にするという二〇一〇年に掲げた数値目標が、二〇一五年には「二〇二〇年までに二〇％以上」へと引き下げられた。学校の女性管理職を増やすという政策は、かなり難易度の高い課題のようだ。そこで本章では、まず教員にとって管理職がどのようなものかを概観し、その後、各章を整理しつつ、「一任システム」と新たな管理職育成システムのそれぞれにおいて女性校長が増えるか、検討していく。

1　学校管理職の魅力

（1）教員たちの管理職志向

前章まで、教員のキャリア形成という観点から管理職養成システムを検討してきたが、そもそも教員たちにとって、とりわけ女性教員にとって管理職とはどのような存在だろうか。はたしてめざすべき魅力的な職なのか、いくつかのデータに基づいて検討してみよう。

まず、どの程度の教員が管理職志向を持っているか、確認してみよう。ベネッセ教育研究開発センター（2011b）が二〇一〇年に実施した調査によると、「できれば将来管理職になりたい」高校教員は七・五％しかいない。これは、中学校教員（一四・一％）や小学校教員（一〇・〇％）（ベネッセ教育研究開発センター 2011a）より低い。その一方で、「一教員としてずっと生徒を前にして働きたい」と回答した高校教員は約六二％で、小中学校教員より多かった（中学校：五一％、小学校：五三％）。高校教員の教職アイデンティティが教科にあることがこうした数値にあらわれていると思われるが、この数字が同時に意味するのは教員たちが校長等の管理職に積極的になりたいとは思っていないということであろう。

また、同じ調査から、管理職志向には大きな男女差があることがわかる。「できれば管理職になりたい」と回答したのは、小学校の女性教員の三・二％に対して男性教員は二一・三％、中学校の女性教員の三・八％に対して男性二〇・三％であった。小中学校においては、男性教員の五人に一人は管理職をめざしている一方、女性の場合は百人に三～四人ということである。高校の調査は男女別の結果が示されていないが、男性教員割合が多いとされる学校ランクが高い高校に勤務する教員の管理職志向が若干高い傾向が見られることから、男性教員の方が管理職志向は高いと推測される。

次に管理職志向の時系列変化を見ておこう。前出のベネッセ教育研究開発センターは、同様の調査を一九九八年と二〇〇七年に実施しているが、高校は過去の調査が行われていないので、小中学校教員のデータを参照する（ベネッセ教育研究開発センター 2011a）。まず、一九九八年以降の経年変化から見て取れるのは、管理職志向を示す教員の割合が低下していることである。小学校教員では一九九八年の一三・一％から、二〇〇七年には一〇・四％へ、中学校教員では、順に一七・五％から一五・四％へと低下し、二〇一〇年にはさらに微減している。現在進行中のさまざまな教育改革がスタートしたあたりから、管理職志向が低下しているのである。

（2）管理職の満足度

次に管理職となった教員たちの状況を、「希望降任者数」や「校長満足度」をとおして捉えてみよう。

まず、本人の希望による管理職等からの降任者数から見る。地方公務員である公立諸学校の

図終-1　希望降任者数

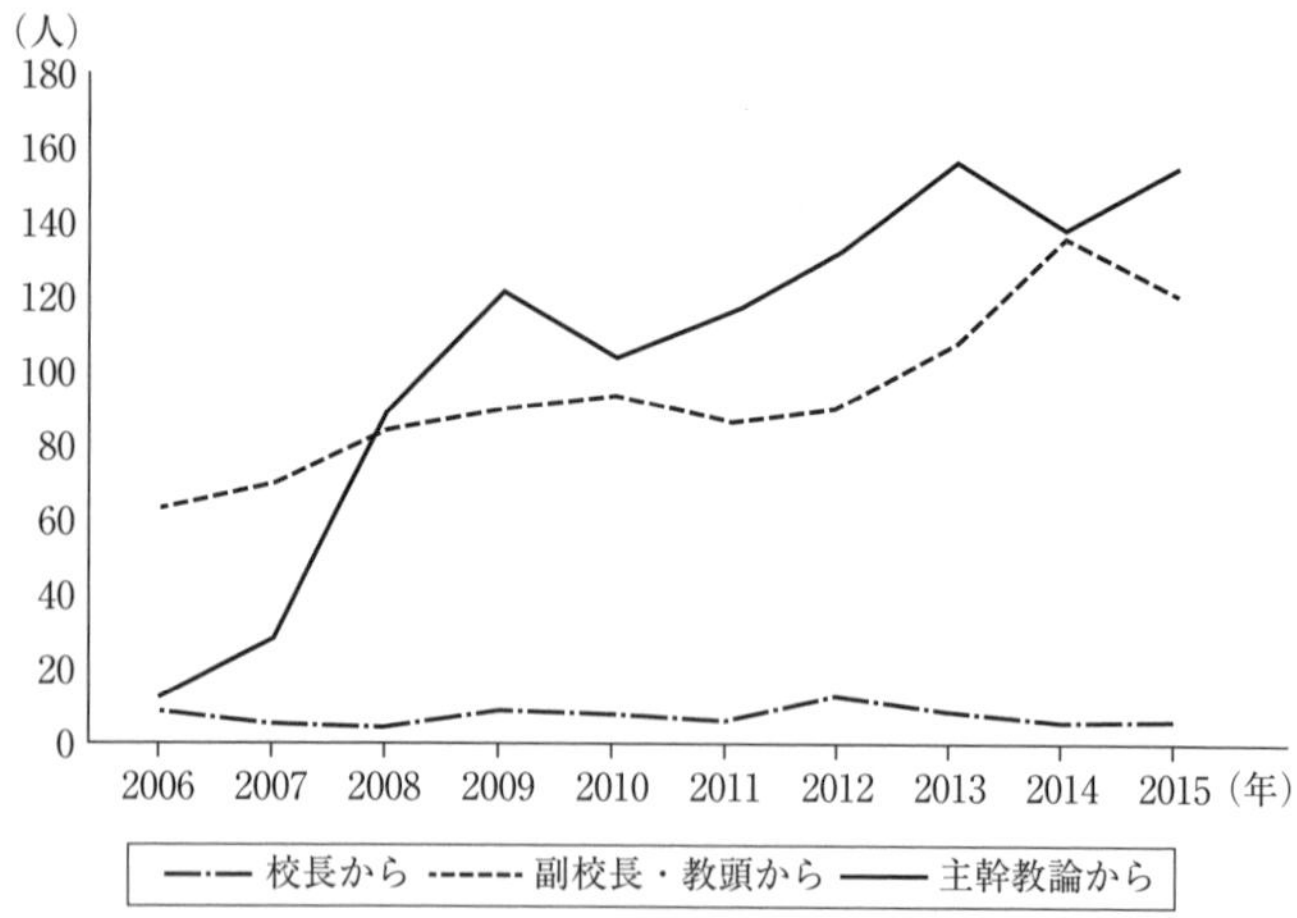

注1：本人の希望に基づいて管理職等からの降任を行う制度による降任者数。
　2：2007年度までの「主幹教諭」には主幹教諭相当職からの希望降任を含む。
資料：文部科学省「公立学校教職員の人事行政状況調査」（各年度）より著者作成

教員は基本的に意に反して降任させられたり免職させられたりすることはないが、本人の希望に基づく降任を認める制度があり、文部科学省が統計を公表している（図終－1）。二〇〇六年以降一〇年間の推移を見ると、校長からの降任者数には大きな変化がないが、副校長・教頭からの降任や主幹教諭からの降任者数は増加していることがわかる。主幹教諭は管理職ではないが、法制化された二〇〇八年の翌年度以降の希望降格者数は三桁台が続いている。また、「主幹教諭」の対教育職員数割合は、管理職のそれよりも高い。たとえば、二〇一五年度の校長からの希望降任者は対教育職員数割合の〇・〇二％、副校長・教頭のそれは〇・三二％、そして主幹教諭は〇・七五％であった。もし、主幹教諭経験が 管理職登用の要件として示されれば、その前段階での希望降任者の増加は管理職候補者の減少につながる。希望降任の理由は公表されていない年度が多いが、データのある二〇一一年度の理由を見ると「健康上の理由（四二・一％）」「職務上の問題（三三・三％）」「家庭の事情（二〇・八％）」となっており、家庭の事情よりも健康や職務上の方が上回っていた。このような回答に括られた理由の背後には個別多様な事情があると思われるので掘り下げることはできないが、希望降任者数の増加そのものが、これから管理職に向けたキャリアを形成する可能性のある教員たちにマイナス印象を与えると思われる。とりわけ、新設された主幹教諭の希望降任率が高いことは、その職務内容や立場を推し量って昇任を避けようとする教員がいるかもしれない。

では、校長自身は自身の職をどう見ているだろうか。第一章で見たように、日本の校長たちは校長になったことを後悔こそしていないものの、「また校長になりたい」と肯定的な回答をする割合が参加国平均（八六・九％）より二五％も低いなど、校長の仕事に対する満足度が相対的に低い傾向が見られた。つまり、日本の校長は自らの職を他国の校長ほどには魅力的だと思ってはいないのである。

以上のように、教員たちの管理職志向には学校種による差や男女差があり、高校より小中学校の教員に、女性より男性教員に、管理職志向が見られた。また、管理職志向を持つ小中学校教員の割合の経年変化を見ると漸減していた。その一方で、副校長・教頭や主幹教諭からの希望降任者数には増加傾向が見られ、主幹教諭からの希望降任者割合は管理職からのそれより高かった。さらに日本の校長の校長職への満足度は他国の校長より低い傾向があった。これらの結果が示唆しているのは、校長自身を含む多くの教員は校長職をそれほど魅力的と思っていないということである。しかも、こうした傾向を持つ教員は、男性より女性に、小中学校より高校に多かった。つまり、高校の女性管理職を増やすという政策は、他の校種以上に難題ということになる。裏を返せば、この難問の解決は、学校管理職全体の男女平等の推進に寄与する可能性がある。

では、管理職への魅力を感じない女性教員が多い中で、どうすれば、女性管理職が増やせるのだろうか。また、どのようなシステムであれば、質の高い適任者を確保できるのか。以下では、本書での検討に基づいて論じていく。

2 管理職育成・登用システムとジェンダー

前章までで、男女共同参画や女性活躍の推進政策がとられてきたにもかかわらず、教育分野での進捗状況が芳しくなく、女性管理職割合が微増にとどまっている背景を、校長や教育行政機関の担当者に対するインタビュー調査に基づきながら探ってきた。第一章で見たように、日本の中等教育機関の女性教員割合は半分以下と他国を大きく下まわり、女性校長割合となると際立って低いという実態がある。その背景は単純ではないが、少なくとも、①女性教員自身の問題や②学校の職場環境および組織文化の問題、そして③管理職登用のあり方等が複雑に絡み合っていると考えられる。本書で特に着目したのは三点目である。都道府県ごとの管理職登用制度の影響を大きく受ける公立諸学校の教員の場合には、そのあり方を掘り下げて検討することが不可欠だからであり、そのあり方の改革が今まさに始まっているからである。そこで、序章で述べたように、ブラックボックス化しているとみなされる従来の管理職登用がどのようなものであったかをジェンダー視点で紐解き、明瞭で公平公正に見える新たな管理職育成・登用システムによって女性管理職が増えるかを検討課題とした。

しかしながら、一教員がどのようにして学校管理職として養成され登用されるのかに関する情報は乏しく、また個々の校長がどのような経験を蓄積して管理職までのキャリアを形成したかを把握できる統計は見当たらなかった。管理職の年齢や直前の職などの公的な統計はあるのだが、個々のキャリア形成過程を捉えることはできない。そこで、本研究では、既存統計を用いつつも、インタビュー調査を中心として検討してきた。管理職養成や登用にかかる情報の詳細や、個々の教員の管理職に向けたキャリア形成の実態把握に限界がある一因としては、それらが各都道府県の教員世界の内部において自律的に運用されてきた側面があることが挙げられる。つまり、管理職の登用やキャリア形成に関する諸情報は、教員世界の内部で、さらにはその内部の特定の人的ネットワーク内で流通していて、外側からは見えにくい傾向がある。本書の前半で分析したように、こうした見えにくさの中で校長が選ばれていくのは、教員たちに多様な経験を積ませる声がけがあり、それを一任する教員たちの文化様式（「一任システム」）があることによる。

しかし、現在、管理職登用のあり方が根本から変わろうとしている。それは、学校の自主性・自律性を重んじて特色ある学校づくりを推進するための校長のリーダーシップや組織のあり方を前提し、そのために必要な資質能力の向上に向けた管理職育成システムを構築する方向で進められている。誰をどのように管理職として登用するかの要件を明確に設定するだけでなく、その育成過程をプログラム化して明示し、さらにそれらを管理職選考時にも用いることが求められている。ともすればブラックボックス化しがちな「一任システム」と違って、キャリアステージごとの目標や管理職登用の諸条件を設定して公表する透明性の高いシステムである。こうした管理職の育成・登用を「見える化」することによって、あらゆる教員に管理職育成・登用の仕組みが周知されれば、個々の教員は管理職に向けたキャリア形成のためのステップをあらかじめ知ることができるようになり、多くの教員の中から管理職を選考できるはずである。

一般論として、「一任システム」のような管理職登用システムでは女性は管理職に向けたキャリア形成ルートから排除されやすく、「見える化」路線のように誰にでも開かれたシステムでは女性も参加しやすいと考えられる。しかし、各章で見てきたように、必ずしもそのようにはなっていなかった。以下では、各章を振返りながら管理職養成にかかる新旧二つのシステムの特徴を捉え直し、現在進行中の改革によって女性管理職は増えるのかを見通す。

3　「一任システム」における女性管理職の位置

(1)「一任システム」における見定め側の裁量

第二章、第三章では、校長経験者のキャリア形成過程を明らかにすることで、教員世界の中に存在する「一任システム」という様式を見出し、その特徴を描き出した。教育への情熱的な思いから教員という職業を選択した校長ばかりではなかったこと、キャリア形成の過程において管理職になりたいという積極的な意思表示をした校長はほぼ皆無であったこと等から、校長たちのキャリアが入職以降に半ば外形的に形成されてきたことを捉えた。そして、教員たちが積極的には意思表示をしない中で校長が選ばれていくメカニズムは、多様な経験を積ませる声がけと、それに対して一任するという態度が繰り返されることによって成立していることを見出した。このようなメカニズムによって、「一任システム」は管理職になることに対する教員自身の強い意思表示がなくても、適任者の養成と登用を可能にしていたのである。

こうした仕組みは、見定め側である男性たちの暗黙の了解が前提されるので、従来は、女性の管理職登用に不利にはたらくとされてきた。しかし、インタビューを通して明らかになったのは、男性校長だけでなく、女性校長たちも「一任システム」によってキャリアを形成してきたことであった。ただ、女性教員たちがこのシステムに乗るためには、少なくとも三つの課題をクリアする必要がある。一点目は、声がけされるだけの力量を持つ教員であること、二点目は声がかかった時に断る状況に置かれていないこと、そして三点目は女性を管理職に登用しようとする価値や態度を持つ見定め側と出会えることである。

これらのどれが欠けても「一任システム」の中で女性が管理職に選ばれるのは難しいが、長らく女性教員の前に大きく立ちはだかっていたのは三点目の壁である。先行研究が指摘してきたように、管理職に向けたキャリア形成上でゲートキーパーとして重要な役割にある学校長はほぼ男性で占められ、長い間に培われてきた彼らの価値志向や行動様式を通して人事にかかる推薦等を行ってきた。そのため、女性を管理職に登用することに対する見定め側の意識は低いと考えられる。このことは、女性教員が、その力量や意欲を評価し管理職へ推薦しようとする見定め者とめぐりあう可能性自体がきわめて低いことを意味する。さらに、このような見定め側の意識の低さは、先述した一点目や二点目にも影響する。まず、管理職に向けたキャリア形成に有益な機会を女性教員に与えようとする意識が見定め側になければ、さまざまな経験を積ませる声がけが行われず、結果的に女性教員の力量向上が抑制される。また、見定め側が女性の登用に積極的でなければ、育児や介護との両立を困難と見て声がけをしないとか、両立困難を理由に断られた場合にそのままにしておく等、女性教員を見定めの対象外とする可能性が高い。こうして見定め側のジェンダー観は他にも影響を与えることになる。

以上で見たように、「一任システム」における管理職登用メカニズムには見定め側の裁量が大きく機能していることから、半ば属人性に依拠するシステムといえる。そのため、河上(2014)がいうように、学校管理職の育成や選抜に、校長の価値観やジェンダー観が色濃く反映される既存エリートによる庇護移動となりがちである。けれども、校長の価値観やジェンダー観は変容可能性があり、必ずしも女性排除に満ちた固定的なものではない。実際に本研究が明らかにしてきたように、「一任システム」にのって校長となった女性教員を管理職に向けて育成し登用したのはすべて男性校長であった。また、今後は女性が見定め側として後進の育成や登用に関わることもありえる。つまり、「一任システム」は女性管理職登用に関する意思決定に属人的要因が影響するが、このことは逆に見定め側の意識や態度によっては女性管理職が増える可能性があることを意味する。したがって、既存エリートによる庇護移動下で女性管理職が誕生しないわけではない。ただし、女性管理職を登用するかしないか、また増やすか減らすかといった判断が、見定め側に委ねられている点では庇護移動であり、構造的に女性教員が周辺化されやすいという問題はある。

(2)「一任システム」の柔軟性

また、「一任システム」は、一任可能な教員に対して参加機会が開かれた管理職をめぐる地位獲得競争でもある。しかし、現実には、育児や介護等との両立のために異動等の希望を出す

（出さざるをえない）ために、一任できない教員たちもいる。日本社会の現状では、一任できない状況にあるのは女性が多いことから、異動希望の実現と引き換えに女性教員たちの管理職への道が遠ざかっていることもありうる。その意味で、「一任システム」は、家庭責任に拘束されない女性教員の管理職キャリア形成にしか機能しない側面がある。

しかし、そうした中でも家庭責任との調整を勘案した見定めが行われることがある。力量があると見込まれた女性教員が管理職への打診を断らざるをえない状況から解放されるまで、年度を超えて説得が続けられた事例は第三章で紹介したとおりだ。見定め側と女性教員との間に良好なコミュニケーションがあれば、状況が変わるまで待つことができるのである。そして、待つことが可能なのは、見定め側の寛容な態度だけでなく、「一任システム」が柔軟性を持つことに依る。力量があると見込んだ教員に本人は意図していなかった大学院入学を命じた事例もまた、見定め側の見極め力と「一任システム」の柔軟性によって実現したものと思われる。つまり、管理職登用までに経験すべき教育・研究活動や研修の受講を厳密には規定しておらず、経験すべき時機や順序も厳格には問わない緩やかさが、いつだれを引き上げるかに関する見定めの幅を広げ、学校内外での日常的な経験を積んで力量をつけた女性教員の管理職登用を可能にしていたと考えられる。

このように、「一任システム」はその柔軟な構造ゆえに、女性教員の管理職に向けたキャリア形成を可能にしていた。このことは、見定め側にジェンダー公正な視点が定着すれば女性管理職が増えることを示唆するが、そのような視点は、教師たちの日常的な仕事ぶりを性別にとらわれることなく認める姿勢から生じるものであることから、結果的に男女教員を育成することにもなる。とはいえこれまでの管理職登用がジェンダー公正に行われてこなかったことを踏まえれば、「一任システム」において女性管理職を増やすためには、まずは意識づけが必要となるだろう。具体的には、女性管理職登用に積極的な見定め者を増やすことや、管理職への女性登用を義務づけることなどが考えられるが、それらが女性管理職の数値目標達成を優先して運用されるのではなく、真にジェンダー公正であることが求められる。同時に、見定め側がすべての男女教員の日々の教育活動に目配りし、常に公平で公正な判断を行う力を持っていることと、そのような見定めが行われるようにコントロールする自助的な機能が教員文化の中に根づいていることも必要となる。

これらの教員文化の中でジェンダー公正な視点で見定めが行われれば、「一任システム」においても女性校長が増える可能性があるといえよう。では、新たなシステムにおいてはどうだろう。

4　新たな管理職育成システムと女性管理職の位置

(1) 新たなシステムのパラドックス

すでに述べてきたように、新たな方式による管理職育成システムは、新たな職制の設置等による学校組織の再編や教員免許更新制、新たな教員評価制度の導入といったさまざまな地ならしの後、管理職の育成のために教職大学院や教員研修センター等と連携・協働した研修プログラムを作成し、その成果を管理職登用に用いるという大枠の制度設計がなされた。そして、中教審第一八四号（二〇一五年一二月）答申で示された「教員育成指標」の策定も含む「平成二九年度教員の養成・採用・研修の一体的改革推進事業」の公募が行われるに至る（公募期間は二〇一七年三月二二日から四月一一日）。

すなわち、誰にでも見える明確な条件や要件を、キャリアステージを区切って明示する手法を基本とする管理職の育成や登用に向けた改革は、各都道府県がその実情に見合う具体案を作成する段階に入った。中には国の動向に先んじて類似の志向性を持つ改革を推進してきた都道府県もあるが、ほとんどはこれから着手することになる。また、その進度や方向性は都道府県ごとに異なると予測されることから、第四章と第五章では、新たな管理職育成システムの方向性が示された中教審第一六六号（二〇一二年八月）答申以降の動向に注目した。おもに、二〇一三年度以降の各都道府県の管理職選考試験の受験資格等の実態把握と、二〇一三年度には改革先進地の現職教員で後に定年退職した教員に対するインタビューを通して、新たな管理職育成システムの諸特徴を描き出した。

まず、管理職選考試験の受験資格と女性管理職割合の関係を分析した結果を捉えなおしていく。先に述べたように、管理職の育成と登用がセットになった新システムの完全な導入はこれからであり、本研究の分析期間においては従来のシステムと新たなシステムが混在しているが、その分析に用いた管理職選考試験の受験資格は、以前から各都道府県が独自の要件を設定し、その一覧が文科省によって公表されているものである。受験資格として示されるのは、「年齢制限」「経験年数」「職種資格」「推薦者の必要有無」などで、後者の二つの条件と女性校長比率に関連が見られた。それは具体的には、職種資格に要件がある場合には女性校長比率が低くなり、推薦者が必要な場合には女性校長比率が高くなるという傾向であった。ここでいう「職種資格」とは、たとえば主幹教諭や〇〇主任の経験といった要件のことであるが、これら二つの受験資格と管理職養成にかかる二つシステムの関係を整理すると次のようになる。まず、「職種資格」において制限や指定があることは要件化を志向する新システムの特徴を持つといえる。また、「推薦者」が必要であることは見定め側の役割が重視される「一任システム」の特徴を持つといえる。実際には、要件が示されつつ推薦が必要となるケースもあるが、分析結果から導けるのは、新システムに典型的な特徴を持つ場合に女性校長が少なく、「一任システム」に典型的な特徴を持つ場合には女性が多くなるということである。

ところで、従来の研究が示唆したのは、「一任システム」のような仕組みの中では女性教員は既成エリートの推薦を得られにくく、管理職試験の受験機会が制限されることで管理職に向けたキャリア形成から排除されやすくなるため、試験を公開制にすべきというものだった。すなわち、管理職試験への参加機会が、推薦という属人的な方法によらず、要件を満たすすべての教員に開かれる方法になれば、女性教員が管理職になりやすいと考えられていたのである。二つの管理職養成システムに関連づければ、まさに新たなシステムが採ろうとしている方式の方が、女性管理職が増えると見ていたことになる。ところが、分析結果は逆であった。本文でも述べたように結果解釈には若干の留保が必要となるものの、新たなシステムより、「一任システム」の方が女性管理職が増える可能性が見られた。

ではなぜ、管理職選考試験において職種資格の要件が示されると女性校長比率が低くなり、推薦者が必要だと女性校長比率が高くなるのだろうか。推薦者の必要性に関しては、先にも述べたように、「一任システム」がそれなりに上手く機能していたということではないだろうか。すなわち、ジェンダー公正な見定め者によって、秀でた教科指導や斬新な教材開発、生徒に寄り添う生徒指導や進路指導のための進学先の開拓などに取り組んで経験を積んだ女性教員が声がけされ、管理職として登用されていったと考えられる。一方、職種資格の要件化に関しては、教員の経験が性別によって異なる現状を踏まえれば辻褄が合う。他章でも見てきたように家庭からの拘束によって自身の異動を一任できない女性教員は多様な経験を積む機会を得づらく、結果的に選考試験の受験に必要な要件を満たせなくなりがちだ。つまり、性別とは無関係の要件が示されていても、結果的に要件を満たす教員の間にはジェンダー不均衡が生じるのである。

また、推薦者を必要としない新システムでは、自らが管理職になる決心をし、選考試験に出願して意思表示をしなければならないことによる問題も生じる。女性校長のロールモデルを見たこともなく、管理職になることを考えたこともない女性教員が、受験資格の要件を満たしているからといって管理職を志願するだろうか。実際に推薦されたり選考試験の受験を促されたりして校長となった女性たちすら、繰り返しの声がけや「後が詰まっている」「俺の顔を潰す気か」などの強い後押しがなければ引き受けられなかったと話していたのは、先に見たとおりだ。また、管理職選考の受験を推薦制から公募制に変更したことで女性教員の受験者数が減少したある県の担当者は、その背景について、「(女性は)晒される」ことを恐れるからだと説明した（河野・村松編著 2011）。女性の積極性や上昇志向がマイナスに評価されやすい文化のもとでは、推薦制が、女性が晒されることを回避する機能を持ち、管理職となることに対する不安を軽減していたことがうかがわれる。

(2) 女性校長が増える管理職養成とは

前項では、県立学校管理職選考において用いられる「推薦」と「要件」という二つの手法を中心に、管理職養成にかかる二つのシステムを比較検討してきたが、ここで得た知見をとおして、新たな管理職育成システムによって女性校長が増えるか考えてみよう。その際、管理職の育成・登用だけでなく、より広範な教育改革を視野に入れておく必要がある。なぜならば、これからの教員養成・育成が、管理職登用の制度がその育成段階をも包括してスタンダードを示そうとしているのと同様、教職に就いてからは「教員育成指標」によるスタンダード、そして大学における教員養成でも「コアカリキュラム」によるスタンダードを策定する方式で進められようと（二〇一七年六月二九日「教職課程コアカリキュラムの在り方に関する検討会」開催予定（執筆時））しているからである。つまり、今後、教員の養成から採用・研修、そして管理職へという切れ目のないロードマップが構想されることになり、特定のキャリアパタンが固定化されていくことが危惧される。新システムは、現時点では完全には実施されていないので厳密な分析はできないが、見えやすい要素をマイルストーンとして設定しそれをこなすロードマップを示すという枠組みは定まっており、また各都道府県はそれを参酌することから、女性校長が増えるかどうかについて、これまでの分析を手がかりに推察することができる。

先述したように、各都道府県の管理職選考試験においては要件化された受験資格がすでに明示されているが、新たなシステムが志向するのはそこに至るまでのプロセスを区切り、それぞれの区切りにマイルストーンを置くことである。したがって、職種資格の要件化が女性校長比率を高めることにならないという先の分析結果は看過できない。新システムが、教員のキャリア形成上にいくつかのマイルストーンを置き、それぞれに何らかの要件を示すならば、職種資格の要件化のようなハードルが幾重にも設定されることになるからだ。こうしたマイルストーンが、学校内外での経験が性別によって異なる状況が変わらないままに設定されれば、あるいはマイルストーンが家庭責任を負わない男性教員を標準として設定されれば、各段階でジェンダー不均衡な選別が行われることになる。さらにその時期や順序が厳密に設定されれば、教職生活の早い段階から男女で異なるキャリアプランを想定せざるをえなくなる。そうなれば、結果的に多くの女性教員が管理職に連なるマイルストーンをこなす機会を逸することになるため、女性管理職が増えるとは考えにくい。一方で、管理職をめざすために家庭生活との両立を断念し、男性標準のキャリア形成を達成する女性教員があらわれることも考えられる。すでにその兆候が見られることは第五章で述べた。

以上、「一任システム」と新システムのそれぞれの特徴を整理し、女性校長を増やす可能性を検討してきた。いずれのシステムも、ワーク・ライフ・バランスとの折り合いが難しく、結果的に教職におけるジェンダー・トラックが生じかねない共通性を持っていることが明らかになった。しかしながら、属人性があり閉鎖的に思われる「一任システム」に女性校長を増やす可能性があり、透明性があり公平公正に見える新システムに女性校長を増やす可能性があまりない、との知見も得た。新たなシステムにおいて女性管理職が増える可能性が低いとは、各分野の女性活躍推進政策がとられている現状からすれば、あまりに皮肉なことである。しかも、本章冒頭で見たように、小中学校教員より高校教員の管理職志向が低く、また男性教員より女性の方が管理職志向は低い。このような中で、どのようにして数値目標を達成するのだろうか。

本書の分析を通していえるのは、「一任システム」のような仕組みの中に女性管理職を増やしていく可能性があることだ。教員たちの日常的な教育活動に根差した多様な力量形成機会を保障し、それが見定められることによって管理職として選考されていくシステムは、管理職に魅力を感じておらず異動・昇任に関する意思表示をしない教員の中から力量ある管理職を育成・登用することができるからだ。一方、見えやすい要素をマイルストーンとして設定したロードマップを示す新たなシステムでは、示されたキャリア形成方法に沿って要件を満たし続けることができ、さらに各段階の要件を満たした証明をもって意思表示できる教員の中から選考が行われることになる。多様なキャリア形成が許容されにくく、積極的に意思表示する態度が求められる仕組みにおいて不利益をこうむるのは誰か、繰り返し説明する必要はないだろう。新たな管理職育成システムは、男性は育児を捨てて管理職へのコースを開き、女性は育児を選択するために管理職のコースをあきらめるという教員間にあった図式（油布 2016）を、これまで以上に強化する恐れがある。しかもそうしたジェンダー不均衡が生起する要因を、要件さえ満たせば誰もが参加可能な透明で公平公正な選考による結果であるとみて、覆い隠してしまう。

こうして見ると、女性管理職の数値目標を引き下げる前に、また新たな管理職育成システムを構築する前に、ジェンダー視点で教員のキャリア形成を把握しておく必要があったのではないかと思われる。矢継ぎ早に進められてきたこれらの政策の策定プロセスにおいて、当事者や専門家を含む広範な議論がほとんどなされなかったことが、ただでさえ難題と思われる政策課題の難易度をさらに高めてしまったのではないだろうか。

とはいえ、本書の分析も十分ではない。とりわけ、ジェンダーとワーク・ライフ・バランスの布置関係については議論の余地があろう。日本の性別役割分業の現状を踏まえて議論してきたが、多くはないものの育児等に勤しみ管理職になどなりたくないと思う男性教員たちが存在し、その彼らが管理職をめざすキャリア形成の競争から降りられない状況があることも確かだ。このことは、男性学的視点で説明可能であろう。男性教員たちの世界に「勤労意欲を表明し業績を上げ続けるという『男らしさ』」の基準があり（多賀 2016）、そこから降りさせないための男性同士の相互監視のメカニズムがある（上野ほか 1991）からだと。このような視点で捉え直すなら、新システムの志向性そのものに、キャリア形成における「男らしさ」が埋め込まれているように見える。

5　女性校長の行く末

本章では、二つの管理職養成システムを比較検討しながら、「一任システム」が、女性校長を増やす、よりマシな管理職養成のあり方ではないかと結論した。しかし、すでに新システムの完全実施に向けて事態は動き始めており、後戻りすることは難しいだろう。また、どのような管理職養成システムを構築するにしても、管理職に向けた女性教員のキャリア形成の前に大きく立ちはだかってきた異常なほどの長時間労働が見直されることになっている。今年六月九日に閣議決定された「経済財政運営と改革の基本方針二〇一七について(1)」には教員の長時間労働の早急な是正が盛り込まれ、同二二日には、文部科学大臣が教員の長時間労働解消に向けた負担軽減策の検討を中教審に諮問した。長時間労働の解消に政府が本気で乗り出すという転機は、女性校長を増やすことにつながるのだろうか。本章の最後に、これらの最近の動向や昨今の一連の教育改革の中に、今後の教員のキャリア形成を位置づけつつ、女性校長の未来を展望してみたい。

改革の方向性に倣って、養成・採用・研修の一体化に目を向けて高等教育の規制緩和・市場化を捉えるなら、それは教員養成に対して政治や行政の関与や統制を強化する側面を持っていた(佐久間 2010)。今後、教員育成指標や教員養成コアカリキュラムが実施されていけば、統制の一体化が進む可能性が高い。また、改革の推進主体が国から地方、そして各学校へとシフトし、学校間の競争が喚起される中で、教員たちの知的労働が縮小する一方、肉体労働と感情労働が拡大して単なるサービス従業員となってしまう(加野 2010)という懸念もある。こうした教職のあり方の規格化の進行は教員文化を衰退させ(久富 2003)、校長職はもとより、教職そのものの魅力を低下させかねない。

こうした動向の中で長時間労働が解消されることは、女性校長が増えることにつながるだろうか。おそらく、多少は増えるだろう。女性教員の管理職に向けたキャリア形成を阻む主要因である長時間労働が解消されるのだから、増えないとは考えにくい。けれども、それは各ステージで示される要件を次々とこなし続けることで得られる地位である。このことは、単にキャリア形成のあり方が一元的であるということにとどまらず、教職のあり方や管理職のあり方を画一的にし、ひいては教育のあり方を平板なものにしていくことを意味する。そして、政治や行政の関与や統制が強まる中では、各ステージで用意されるマイルストーンが教員の資質能力の規格化として機能する。キャリアの階段を一つ一つ登りつめた先にあるのは、どのような校長であろうか。第三章でも述べたように、教育の数値化に邁進し少しでも他校より上位をめざす姿かもしれない。そしてそれが〈よい校長〉とされるならば、めざしたくない教員もいると思われる。もちろん、こうした教員は男女ともに存在するだろうが、女性の方が今後の管理職像に魅力を感じない可能性は高い。女性校長はそのマネジメントの特徴として、教員時代に生徒をよく見て束ねた〈teaching〉を延長した学校経営手法をとる傾向がある（河野・村松編著 2011; 河野ほか 2012; 河野ほか 2013; 深澤・重川 2015）といわれているからだ。また、最高の男性学校管理職は、女性のマネジメント手法を頻繁に使うとする研究（Shakeshaft 1992）もある。(2)これらの先行研究を踏まえると、長時間労働が解消されても、改革の方向性が生徒から離れていく志向性を内包するのであれば、もともと管理職志向が低かった女性教員たちの管理職志向が高まるとは思えない。ただし、男女校長のマネジメントスタイルに差異があるのかどうかに関する国内での実証研究は皆無に近いし、海外においてはそれらが性別特性論に陥りがちだという批判もあることから、この点に関する今後の研究が期待される。

以上のように規格化の連鎖で管理職キャリアが形成される新システムにおいて、そこでめざされる教育の志向性と整合性がつかず、校長になることを忌避する女性教員が生じる可能性がある。そうだとすれば、長時間労働が是正すれば女性校長が増えるという単純な構図が成立するかどうか疑わしい。男性を標準とするキャリア形成が可能なだけでなく、政治や行政の描く教員や管理職像との合致を求められるからだ。さらに仮定の仮定ではあるが、そうした管理職像との合致を厭わない女性教員が増えてキャリアを積んで校長になり、合致を好まない男性教員が「男から降り」（多賀 2016）て校長にならない選択が容易になるようなことが生じれば、学校管理職のジェンダー不均衡が解消されるかもしれない。しかし、それは人びとが望む男女平等な学校教育の姿ではないだろう。そうではなく、すべての教員の多様なキャリア形成が許容され、その上にいろいろなタイプの管理職像が描かれる中でジェンダー不均衡が解消されることこそが、ジェンダー平等なキャリア形成であり、平板ではない豊かな教育を可能にすると考えられる。そのためには、自律的な教員文化の再生や政策決定の場への教員の参加等が必要とされ、その方法などを検討する研究も必要となろう。

今後、各地で教員の育成や管理職の育成システムが構築されることになるが、新システムの志向をどれほど忖度するかは、都道府県にかかっている。すでに、女性限定の研修や、スタンダード化したキャリア形成にとらわれない多様なキャリアプランの検討を始めている都道府県がある。これらの動向を含め、今後も、女性校長は増えるのか、増えるとしたら、それはどのような女性なのかを、教育改革の中に位置づけて問い続ける必要がある。

注

（1）内閣府経済諮問会議（2015）http://www5.cao.go.jp/keizai_shimon/kaigi/cabinet/2017/2017_basicpolicies_ja.pdf（最終閲覧二〇一七年六月一一日）
（2）Davis and Johansson（2005）より引用。

あとがき

気がついたら、この研究会が女性校長を追い始めて十年以上が経っていた。メンバーには多少の入れ替わりがあったものの、ほとんどのメンバーはなんからの形で教員養成に携わっており、日々、教員をめざす学生たちと向き合い、また研修の講師等として教員たちと出会ったり、教育実習や地域連携を通じて教員たちと協働したりしている。そのため、学校教員はわれわれが強い親近感を抱く職業である。しかしこのところ、教員や管理職の養成・育成に関わる政策変化が大きい。

大学改革の大きなうねりの中で行われた「ミッションの再定義」以降、卒業時にどれほどの学生が教員になったかという数値が求められ、それが低いと存在意義を問われる。そのため、大学教員自らが、教員採用試験対策を〝業務〟として企画し組織的に実施するようになる。集団面接のポイントを採用試験担当の経験がある退職校長等から教わり、過去問に基づく集団面接対策を放課後に実施し、足のそろえ方が悪いとか、シャツの襟が立っているとか、お辞儀した頭が上がらないうちに足が一歩出た、といった指導を行うのである。論作対策も、どんなテーマで出されても「○○県の教育振興計画」のキーワードに絡めるように指導したりする。規格化に加担しているのである。そしてまた、保護者懇談会を開催し、学生の成績を個々に返却しながら生活や進路についてじっくり話を聞き、懇切丁寧に対応する。アカウンタビリティー確保のためである。教職課程認定のために二〇〇字に要約する研究業績は、担当授業に関わる部分に下線を引くことになっているので、自由で創造的な研究は評価されない。この数年で倍増した実務家教員がもたらす学校カルチャーが支配的な大学学部では、こうした現状に疑義を唱えることを悪だとする空気が蔓延している。

女性校長が増えない背景を探る研究の根底には女性校長が増えた方がよいという思いがあるが、大学での日々の教育活動を通して育てている学生たちを教育界に送り出すことが本当に彼女ら／彼らの幸せにつながるのか不安になることがある。教育改革のすべてに問題があるわけではないが、教員のキャリア形成をめぐる急激な文脈変化が、不安を肥大化させる。教員になっていく学生たちには、どんなに教員の置かれている文脈が変容しようとも、ただ振り回されるのではなく、目の前の子どもたちをしっかりと見て寄り添いながら教師としての経験を積み、同時に、主体的に判断し行動する力をつけてほしいと思う。それが教育者としてのわれわれの願いであり、そのためにも、研究者として、この改革が管理職養成をどのように変え、それが女性教員のキャリア形成にどう影響するのかを追い続けたいと思う。

まだまだ課題は尽きないが、多くの方々の協力を得て本書が出版できることはメンバー一同にとってこの上ない喜びである。北から南までインタビューに応じてくれた男女校長の皆様や、教育委員会の方々のご協力なくして本研究はありえなかった。また序章で示した研究助成のほか、「きんとう基金」と「和洋女子大学」より出版助成をいただいた。記してお礼申し上げる。

そしてさいごに、本書の出版にあたり親身に相談にのってくださった聖心女子大学の大槻奈巳さん、編集を担当してくださった勁草書房の松野菜穂子さんに、感謝申し上げる。

執筆者を代表して　河野銀子

二〇一七年六月

執筆者紹介（執筆順．*は編著者）

河野銀子（かわの　ぎんこ）*　はしがき，序章，第五章，終章

1966年生まれ．上智大学大学院教育学研究科博士後期課程満期退学．修士（教育学）．

現在　山形大学学術研究院教授（地域教育文化学部主担当）．

主著　『教員評価の社会学』（分担執筆，2010年，岩波書店），『高校の女性校長が少ないのはなぜか――都道府県別分析と女性校長インタビューから探る』（共編著，2011年，学文社）．

村上郷子（むらかみ　きょうこ）　第一章

1965年生まれ．カンサス大学大学院教育学研究科博士課程修了．博士（Ph. D., 学術）．

現在　法政大学他兼任講師．

主著　*Gender, Social Policy and Post-war Japanese Textbooks: A Content Analysis* (University of Kansas Teaching and Leadership, 2003).『高校の女性校長が少ないのはなぜか――都道府県別分析と女性校長インタビューから探る』（分担執筆，2011年，学文社）．

高野良子（たかの　よしこ）　第二章

1950年生まれ．日本女子大学大学院人間社会研究科博士課程後期満期退学．博士（教育学）．

現在　植草学園大学教授．

主著　『女性校長の登用とキャリアに関する研究――戦前期から1980年までの公立小学校を中心として』（2006年，風間書房）．『教育の基礎と展開――豊かな保育・教育のつながりをめざして』（共編著，2016年，学文社）．

田口久美子（たぐち　くみこ）　第三章

1958年生まれ．お茶の水女子大学大学院修士課程修了．修士（心理学）．

現在　和洋女子大学教授．

主著　『中学・高校教師になるための教育心理学（第3版）』（分担執筆，2012年，有斐閣）

木村育恵（きむら　いくえ）　第四章，第五章

1976 年生まれ．東京学芸大学大学院連合学校教育学研究科博士課程修了．博士（教育学）．

現在　北海道教育大学教育学部函館校准教授．

主著　『学校社会の中のジェンダー――教師たちのエスノメソドロジー』（2014 年，東京学芸大学出版会），『教育社会とジェンダー』（分担執筆，2014 年，学文社）．

初出一覧

（下記にないものは書き下し）

第二章：「一任」の連鎖による管理職のキャリア形成

次の論文を加筆修正.

髙野良子・河野銀子・木村育恵・杉山二季・池上徹・田口久美子・村上郷子（2013）「公立高校学校管理職のキャリア形成に関する予備的考察――「一任システム」に着目して」『植草学園大学紀要』5: 25-34.

第四章：県立学校管理職の登用・選考をめぐる管理職養成システムの課題―管理職選考試験の受験資格と女性校長比率の関係を中心に

次の論文の一部を参照（マトリックスについて参照）.

木村育恵・河野銀子・田口久美子・村上郷子・杉山二季・池上徹（2015）「学校管理職登用・育成システムにおける「見定め」――県立学校数と女性校長比率を手がかりに」『北海道教育大学紀要（教育科学編）』65(2): 103-115.

さらに，次の論文などを加筆修正.

木村育恵（2016）「都道府県立学校管理職の登用・選考をめぐる現状分析――管理職選考試験の受験資格と女性校長比率の関係を中心に」『北海道教育大学紀要（教育科学編）』67(1): 61-70.

木村育恵・池上徹・杉山二季・河野銀子・田口久美子・村上郷子（2015）「ジェンダーの視点からみた公立高校学校管理職適任者の「見定め」」国際ジェンダー学会2015年大会個人発表〈Cグループ〉配布レジュメ.

索　引

サ　行

参考文献

明石要一・髙野良子（1993）「「上席」女教員のライフスタイルの研究」『千葉大学教育学部研究紀要』41(1): 57-76.

天野正子（1984）「第２章　専門職の女性たち」『転換期の女性と職業――共生社会への展望』（第２版）学文社　（第１版は 1982 年）.

ベネッセ教育開発センター（2007）『平成 18 年度文部科学省委託調査研究報告書：教員勤務実態調査（高等学校）報告書』.

ベネッセ教育研究開発センター（2010）『第２回子ども生活実態基本調査』研究所報 59.

ベネッセ教育研究開発センター（2011a）『第５回学習指導基本開発調査報告書（小学校中学校版）』研究所報 62.

ベネッセ教育研究開発センター（2011b）『第５回学習指導基本開発調査報告書（高校版）』研究所報 63.

中央教育審議会（2012）『教職生活の全体を通じた教員の資質能力の総合的な向上方策について（答申）』.

中央教育審議会（2015）『これからの学校教育を担う教員の資質能力の向上について～学び合い、高め合う教員育成コミュニティの構築に向けて～（答申）』.

中央教育審議会（1998）『今後の地方教育行政の在り方について（答申）』.（http://www.mext.go.jp/b_menu/shingi/old_chukyo_index/toushin/1309708.html 2017 年５月９日閲覧）.

中央教育審議会初等中等教育分科会教員養成部会（2016）「資料 4-2 教員育成指標の例」（http://www.mext.go.jp/b_menu/shingi/chukyo/chukyo3/002/siryo/__icsFiles/afieldfile/2016/03/25/1367367_07.pdf　2017 年５月９日閲覧）.（http://www.mext.go.jp/b_menu/shingi/chukyo/chukyo3/002/siryo/__icsFiles/afieldfile/2016/03/25/1367367_08.pdf 2017 年５月９日閲覧）.

中央教育審議会初等中等教育局（2015）「初等中等教育分科会 チームとして

の学校・教職員の在り方に関する作業部会 第2回（2015年1月20日）参考資料1学校や教職員の現状について」（http://www.mext.go.jp/b_menu/shingi/chukyo/chukyo3/052/siryo/__icsFiles/afieldfile/2015/02/18/1355024_4.pdf　2017年5月31日閲覧）.

第一生命保険株式会社（2017）『第28回「大人になったらなりたいもの」アンケート調査結果』（http://www.dai-ichi-life.co.jp/company/news/pdf/2016_072.pdf　2017年6月10日閲覧）.

Davis, Anna, and Johansson, Olof（2005）“Gender and School Leadership in Sweden,” in Collard, John and Reynolds, Cecilia eds. *Leadership, Gender and Culture in Education*, Open University Press.

Erikson, Erik H.（1959）*Identyty and Life Cycle*, University Press. =（1973）小此木啓吾訳『自我同一性――アイデンティティとライフサイクル』誠信書房.

Fraser, Nancy（1997）, *Justice Interruptus: Critical Reflections on the “Postsocialist” Condition*, Routledge. =（2003）仲正昌樹監訳『中断された正義――「ポスト社会主義的」条件をめぐる批判的省察』御茶の水書房.

藤田英典（2007）「教育改革と教育の公共性」千葉眞・小林正弥編著『平和憲法と公共哲学』晃洋書房.

深谷昌志・深谷和子（1969）「女教師の残存条件に関する研究――奈良教育大卒業生の追跡研究」『教育社会学研究』24: 126-139.

深澤真奈美・重川純子（2015）「女性教員のキャリア形成――女性校長へのインタビュー調査から」『埼玉大学紀要（教育学部）』64(2): 213-224.

船山万里子・玉城久美子ほか（2014）「小学校における女性教師のキャリア形成――学年配置に着目して」『東京大学大学院教育学研究科紀要』53: 213-223

Ginzberg, Eli, Ginzberg, Sol W., Axelrad, Sidney and Herm, John L.（1951）*Occupational Choice: an Approach to a General Theory*, Columbia University Press.

Gutmann, Amy（1987）, *Democratic Education*, Princeton University Press. =（2004）神山正弘訳『民主教育論――民主主義社会における教育と政治』同時代社.

Hargreaves, Andy (2003), *Teaching in the Knowledge Society: Education in the Age of Insecurity*, Teaching College Press. = (2015) 木村優・篠原岳司・秋田喜代美監訳『知識社会の学校と教師——不安定な時代における教育』金子書房.

蓮尾直美 (1994)「小・中学校女性教員のキャリア形成に関する事例研究」『三重大学教育学部研究紀要』45: 41-153.

樋田大二郎 (2011)「高校教育の基盤の消失・変容から再構築へ」ベネッセ教育開発センター『第5回学習指導基本調査報告書 (高校版)』研究所報 63: 18-23.

広田照幸 (2003)『教育には何ができないか——教育神話の解体と再生の試み』春秋社.

広田照幸 (2009)『格差・秩序不安と教育』世織書房.

Horng, Eileen and Loeb, Susanna (2010) "New Thinking about Instructional Leadership," Kappan, November 66-69.

池木清 (2000)『男女共同参画社会と教育』北樹出版.

岩田康之 (2008)「教育改革の動向と教師の「専門性」に関する諸問題」久冨善之編著『教師の専門性とアイデンティティ』勁草書房 : 31-48.

Jackson, Philip W (1968), *Life in Classrooms*, Holt, Rinehart and Winston.

女子教育問題研究会 (2009)『女性校長のキャリア形成——公立小・中学校校長554人の声を聞く』尚学社.

亀田温子 (2012)「女性校長の語るキャリア形成——「教員になる」から「キャリアをつくる」へ」『NWEC実践研究』2: 17-33.

神山知子 (1992), 小島弘道・北神正行・水本徳明・神山知子「現代教育改革における学校の自己革新と校長のリーダーシップに関する基礎的研究 (その4) ——校長職のキャリア・プロセスとキャリア形成」『筑波大学教育学系論集』16(2): 47-77

金子真理子 (2010a)「教師の能力観という"現場の文法"——教員評価制度への抵抗感の源泉」苅谷剛彦・金子真理子編著『教員評価の社会学』岩波書店 : 129-154.

金子真理子 (2010b)「教職という仕事の社会的特質——教職のメリトクラシー化をめぐる教師の攻防に注目した」『教育社会学研究』86: 75-96.

加野芳正 (2010)「新自由主義——市場化の進行と教職の変容」『教育社会学

研究』86: 5-22.
苅谷剛彦（2008）『教育再生の迷走』筑摩書房.
勝野正章（2007）「教育の目標設定と質の保障――国家へのヘゲモニック・プロジェクト」『日本教育政策学会年報』14: 8-21.
勝野正章（2009）「教師の協働と同僚性――教員評価の機能に触れて」『季刊人間と教育』民主教育研究所 63: 28-35.
河上婦志子（1990）「システム内在的差別と女性教員」女性学研究会編『女性学研究』勁草書房第 1 号 : 82-97.
河上婦志子（2014）『二十世紀の女性教師――周辺化圧力に抗して』御茶の水書房.
川上泰彦（2003）「学校と教育委員会事務局の組織間コミュニケーション――対境担当者としての校長人事に着目して」『東京大学大学院教育学研究科教育行政学研究室紀要』22: 53-64.
川上泰彦（2005a）「学校管理職による情報交換と相談――校長・教頭のネットワークに着目して」『日本教育経営学会紀要』47: 80-95.
川上泰彦（2005b）「教員人事行政における都道府県教育委員会の機能とその規定要因――市町村教育院会および教育事務所との役割分担に着目して」『日本教育行政学会年報』31: 115-132.
川上泰彦（2013）『公立学校の教員人事システム』学術出版会.
河野銀子（2011）「高校の構造変容と「女性」校長をめぐる状況」河野銀子・村松泰子編著『高校の「女性」校長が少ないのはなぜか――都道府県別分析と女性校長インタビューから探る』学文社 : 1-21.
河野銀子・村松泰子編著（2011）『高校の「女性」校長が少ないのはなぜか――都道府県別分析と女性校長インタビューから探る』学文社.
河野銀子・池上徹・髙野良子・杉山二季・木村育恵・田口久美子・村上郷子・村松泰子（2012）「学校管理職モデルの再検討――公立高校の女性校長を取り巻く状況に着目して」『山形大学紀要（教育科学）』15(3): 243-258.
河野銀子・木村育恵・杉山二季・池上徹・村上郷子・髙野良子・田口久美子（2013）「ジェンダーの視点からみた学校管理職養成システムの課題」『国際ジェンダー学会誌』11: 75-93.
河野銀子（2016）「教育分野における男女共同参画の状況――「2020 年 30

%」に向けて」『国際ジェンダー学会誌』14: 96-107.
河野銀子（2017）「教育分野の実態と課題：初等中等教育機関の教員に着目して」『学術の動向：202030 は可能か――「女性活躍推進法」の実効性を問う』22(8)日本学術協力財団.
木村育恵・河野銀子・杉山二季・村上郷子・池上徹・髙野良子・田口久美子（2014）「公立高校学校管理職の登用システムに関する検討――『見定め』に着目して」『北海道教育大学紀要（教育科学編）』64(2): 211-224.
木村育恵・河野銀子・田口久美子・村上郷子・杉山二季・池上徹（2015）「学校管理職登用・育成システムにおける「見定め」――県立学校数と女性校長比率を手がかりに」『北海道教育大学紀要（教育科学編）』65(2): 103-115.
木村育恵（2016）「都道府県立学校管理職の登用・選考をめぐる現状分析――管理職選考試験の受験資格と女性校長比率の関係を中心に」『北海道教育大学紀要（教育科学編）』67(1): 61-70.
木村元（2008）「日本の教職アイデンティティの歴史的形成」久冨善之編著『教師の専門性とアイデンティティ――教育改革時代の国際比較調査と国際シンポジウムから』勁草書房：139-163.
国立教育研究所（1983）「公立学校教職員の人事行政に関する研究」『国立教育研究所紀要』104.
国立教育政策研究所編（2014）『教員環境の国際比較―― OECD 国際教員指導環境調査（TALIS）2013 年調査結果報告書』明石書店.
国立教育政策研究所初等中等教育研究部（2014）『学校管理職育成の現状と今後の大学院活用の可能性に関する調査報告書（平成 25 年度プロジェクト研究（教員養成等の改善に関する調査研究）報告書）』.
久冨善之編著（2008）『教師の専門性とアイデンティティ――教育改革時代の国際比較調査と国際シンポジウムから』勁草書房.
宮崎あゆみ（1991）「学校における「性役割の社会化」再考――教師による性別カテゴリー使用を手がかりとして」『教育社会学研究』48: 105-123.
水本徳明（1992），小島弘道・北神正行・水本徳明・神山知子「現代教育改革における学校の自己革新と校長のリーダーシップに関する基礎的研究（その 4）――校長職のキャリア・プロセスとキャリア形成」『筑波大学教育学系論集』16(2): 47-77

文部科学省（2000）「学校教育法施行規則等の一部を改正する省令の施行について（通知）」文教地第 244 号（平成 12 年 1 月 21 日）.
文部科学省（2007）「学校教育法等の一部を改正する法律について（通知）」19 文科初第 536 号（平成 19 年 7 月 31 日公表）.
文部科学省（2008）「全国学力・学習状況調査」（http://www.mext.go.jp/a_menu/shotou/gakuryoku_chosa/20020501.pdf　2017 年 6 月 20 日　閲覧）.
文部科学省（2013）『文部科学白書』.
文部科学省（2013）『学校基本調査』.
文部科学省（2014）『学校基本調査』.
文部科学省（2015）『学校基本調査』.
文部科学省（2016）『学校基本調査』.
文部科学省（2013）「平成 26 年度全国学力・学習状況調査に関する実施要領」（2013 年 11 月 29 日公表）（http://www.mext.go.jp/a_menu/shotou/gakuryoku-chousa/1341965.htm　2017 年 1 月 9 日閲覧）.
文部科学省（2013）「公立学校教職員の人事行政の状況調査について」.
文部科学省（2014）「公立学校教職員の人事行政の状況調査について」.
文部科学省（2015）「公立学校教職員の人事行政の状況調査について」.
文部科学省（2016）「公立学校教職員の人事行政の状況調査について」.
文部科学省（2016）「教育公務員特例法等の一部を改正する法律」.
文部科学省初等中等教育局（2017）「教員勤務実態調査（平成 28 年度）の集計（速報値）について」（http://www.mext.go.jp/b_menu/houdou/29/04/ __ icsFiles/afieldfile/2017/04/28/1385174_002.pdf　2017 年 2 月 22 日閲覧）.
森繁男（1989）「性役割の学習としつけ行為」柴野昌山編『しつけの社会学——社会化と社会統制』世界思想社 : 155-171.
諸田裕子（2010）「教員評価制度改革の導入と「翻案」のプロセス」苅谷剛彦・金子真理子編著『教員評価の社会学』岩波書店 : 21-50.
元兼正浩（2003）「学校管理職の力量形成のための人事行政研究——教育系大学院での研修ニーズに関する調査結果報告」『福岡教育大学紀要教職科編』52: 85-94.
村上郷子（2011）「女性校長をめぐる国際的傾向」河野銀子・村松泰子編著

『高校の「女性」校長が少ないのはなぜか――都道府県別分析と女性校長インタビューから探る』学文社：24-27.

内閣府大臣官房政府広報室（2016）「男女共同参画社会に関する世論調査」(http://survey.gov-online.go.jp/h28/h28-danjo/2-1.html 2017年2月22日閲覧).

内閣府男女共同参画局（2010）「第3次男女共同参画基本計画」.

内閣府男女共同参画局（2015）「第4次男女共同参画基本計画」.

内閣府男女共同参画局（2015）「女性活躍加速のための重点方針 2015」.

内閣府男女共同参画局（2015）「計画策定専門調査会（第13回）議事録」

内閣府男女共同参画局（2016）「女性活躍加速のための重点方針 2016」.

内閣府男女共同参画局（2017）「女性の政策・方針決定過程への参画状況の推移（最新値）」(http://www.gender.go.jp/research/kenkyu/sankakujokyo/saishin.html 2017年2月22日閲覧).

内閣府経済財政諮問会議（2017）「経済財政運営と改革の基本方針 2017 について」(http://www5.cao.go.jp/keizai_shimon/kaigi/cabinet/2017/2017_basicpolicies_ja.pdf 2017年6月11日閲覧).

日本放送協会（NHK）（2014）時論公論「学力テスト結果公表の影響は」西川龍一解説委員（2014年4月22日放送）(https://nhk.or.jp/kaisetsu-blog/100/186098.html 2017年1月9日閲覧).

日本教育経営学会実践推進委員会（2015）「実践研究フォーラム：学校管理職の国際的動向を問う」『日本教育経営学会紀要』57: 214-224.

織田泰幸（2013）「三重県型『学校経営品質』実践に対する校長の認識――校長に対する聞き取り調査を中心に」『三重大学教育学部研究紀要』第64巻教育科学 64: 373-383.

OECD (2009) Creating Effective Teaching and Learning Environments: First Results from TALIS, OECD publications (https://www.oecd.org/edu/school/43023606.pdf).

OECD (2011) Lessons from PISA for the United States, Strong Performers and Successful Reformers in Education, OECD Publishing.

OECD (2014a) TALIS 2013 Results: An International Perspective on Teaching and Learning, TALIS, OECD Publishing (http://dx.doi.org/10.1787/9789264196261-en).

OECD（2014b）New Insights from TALIS 2013: Teaching and Learning in Primary and Upper Secondary Education, OECD Publishing（http://dx.doi.org/10.1787/9789264226319-en）.

OECD（2016a）School Leadership for Learning: Insights from TALIS 2013, TALIS, OECD Publishing, Paris（http://dx.doi.org/10.1787/9789264258341-en）.

OECD（2016b）Education at a Glance 2016: OECD Indicators, OECD Publishing, Paris（http://dx.doi.org/10.187/eag-2016-en）.

OECD（2016c）Teaching in Focus Brief No. 15: School leadership for developing professional learning communities（20 September 2016）（http://www.oecd.org/edu/school/teachinginfocus.htm）.

Pont, B., Nusche, D. and Moorman, H.（2008）Improving School Leadership, Volume 1: Policy and Practice, OECD Publishing, Paris（http://dx.doi.org/10.1787/9789264044715-en）.

小島弘道（2001）「管理職の養成」『日本教育経営学会紀要』43：42-52.

大槻奈巳（2015）『職務格差――女性の活躍推進を阻む要因はなにか』勁草書房.

連合総合生活開発研究所（2016）『とりもどせ！教職員の「生活時間」――日本における教職員の働き方・労働時間の実態に関する研究委員会報告書　日教組委託研究』連合総研.

Robinson, V.M.J（2010）“From Instructional Leadership to Leadership Capabilities: Empirical Findings and Methodological Challenges”, *Leadership and Policy in Schools*, 9(1), Taylor & Francis, Abingdon: 1-26.

佐藤学（1994）「教師文化の構造」稲垣忠彦・久冨善之編著『日本の教師文化』東京大学出版会：21-41.

佐久間亜紀（2010）「1990年代以降の教員養成カリキュラムの変容――市場化と再統制化」『教育社会学研究』86: 97-112.

妹尾渉（2010）「全国の「教員評価」実施動向から」苅谷剛彦・金子真理子編著『教員評価の社会学』岩波書店.

Shakeshaft, C.（1992）Skolledaren, in K., Lööv, *The School Leader*, 7(8): 4-6.

下夷美幸（2007）「ジェンダー・エンパワーメント」『公共政策の社会学――社会的現実との格闘』東信堂：213-240.
新富康央（1983）「地方における教育力学」新堀通也・青井和夫編『日本教育の力学』有信堂：109-129.
末松裕基（2011）「イギリス学校自律化政策の展開と課題」『上越教育大学研究紀要』30: 49-61.
杉山二季・黒田友紀・望月一枝・浅井幸子（2004）「小中学校における女性管理職のキャリア形成」『東京大学大学院教育学研究科紀要』44: 281-299.
鈴木大裕（2016）『崩壊するアメリカの公教育――日本への警告』岩波書店.
鈴木久米男（2016）「学校管理職の専門職基準に関する一考察――学校及び教育行政管理職の専門職基準としての Ontario Leadership Framework の策定及び改訂への取り組みから」『岩手大学教育学部研究年報』75: 49-70.
高野良子・明石要一（1992）「女性校長のキャリア形成の分析――職業生活と意識に関する全国調査を中心として」『千葉大学教育学部研究紀要』1(40): 139-156.
高野良子（2006）『女性校長の登用とキャリアに関する研究――戦前期から1980年代までの公立小学校を対象として』風間書房.
高野良子（2011）「日本における女性教員のあゆみ――歴史的変化」河野銀子・村松泰子編著（2011）『高校の「女性」校長が少ないのはなぜか――都道府県別分析と女性校長インタビューから探る』学文社：48-72.
高野良子・河野銀子・木村育恵・杉山二季・池上徹・田口久美子・村上郷子（2013）「公立高校学校管理職のキャリア形成に関する予備的考察――『一任システム』に着目して」『植草学園大学研究紀要』第5巻：25-34.
多賀太（2016）『男子問題の時代？――錯綜するジェンダーと教育のポリティクス』学文社.
田口久美子（2012）「発達とは何か――主権者としての発達」『中学・高校教師になるための教育心理学』有斐閣：22-34.
田中義章（2012）『日本における教職意識の変化に関する実証的研究』博士論文，佐賀大学（http://portal.dl.saga-u.ac.jp/bitstream/123456789/120328/1/tanakay_201209.pdf　2017年5月31日閲覧）.

田中宏二・小川一夫（1985）「職業選択に及ぼす親の職業的影響——小・中学校教師・大学教師・建築設計士について」『教育心理学研究』33(2): 171-176.
天童睦子編（2016）『育児言説の社会学——家族・ジェンダー・再生産』世界思想社.
Tett, Gillian（2015）*The Silo Effect: The Peril of Expertise and the Promise of Breaking Down Barriers*, Simon and Schuster. =（2016）土方奈美訳『サイロ・エフェクト——高度専門化社会の罠』文藝春秋.
冨田知世（2013）「高校教師の社会学——動向と課題」『東京大学大学院教育学研究科紀要』52: 183-191.
上野千鶴子・NHK 取材班（1991）『90 年代のアダムとイヴ』日本放送出版協会.
United Nations Development Programme（2015）Human Development Report 2015.
World Economic Forum（2016）The Global Gender Gap Report 2016.
山田哲也・長谷川裕（2010）「教員文化とその変容」『教育社会学研究』86: 39-58.
山村滋・荒牧草平・池田輝政（2004）『高等学校における新しい教育課程の編成』大学入試センター研究開発部.
山﨑準二（1994）「教師のライフコースと成長」稲垣忠彦・久冨善之編著『日本の教師文化』東京大学出版会 : 223-247.
山﨑準二（2016）「教師教育の多元化システムの構築——「教師のライフコース研究」の視点から」佐藤学・秋田喜代美・志水宏吉・小玉重夫・北村友人　編集委員『岩波講座　教育　変革への展望 4　学びの専門家としての教師』岩波書店 : 165-195.
柳治男（1983）「福岡県における教育の対立」新堀通也・青井和夫『日本教育の力学』有信堂.
横浜市教育委員会（2015）「横浜型育ち続ける学校　校内人材育成の鍵ガイド編　第 2 版（平成 27 年 3 月改訂）」（http://www.edu.city.yokohama.jp/tr/ky/k-center/ikuseiguidebook15.pdf　2017 年 7 月 15 日閲覧）.
楊川（2007）「女性学校管理職のキャリア研究の再検討」『教育経営学研究紀要』10: 85-94.

油布佐和子（2007）「教師集団の変容と組織化」油布佐和子編著『転換期の教師』放送大学教育振興会：178-192.

油布佐和子（2015）『現代日本の教師――仕事と役割』放送大学教育振興会.

油布佐和子（2016）「教職員の生活時間の貧困とジェンダーバイアスをどう克服するか」連合総合生活開発研究所『とりもどせ！教職員の「生活時間」――日本における教職員の働き方・労働時間の実態に関する研究委員会報告書』142-158.

油布佐和子（2017）「日本人が抱く「献身的な教師像」の魔力から脱却するには　教員の長時間労働問題を議論」（https://www.bengo4.com/c_5/n_5657/　2017 年 2 月 20 日閲覧）.

Yukl, Gary A.（2013）*Leadership in Organizations*, Boston : Pearson.

全日本教職員組合（2013）「勤務実態調査 2012」（http://www.zenkyo.biz/modules/opinion/detail.php?id=388　2016 年 9 月 5 日閲覧）.

女性校長はなぜ増えないのか
管理職養成システム改革の課題

2017年10月25日　第1版第1刷発行

編著者　河《かわ》　野《の》　銀《ぎん》　子《こ》

発行者　井　村　寿　人

発行所　株式会社　勁《けい》　草《そう》　書　房

112-0005　東京都文京区水道2-1-1　振替　00150-2-175253
（編集）電話　03-3815-5277／FAX　03-3814-6968
（営業）電話　03-3814-6861／FAX　03-3814-6854
平文社・松岳社

ISBN978-4-326-65411-6　Printed in Japan

http://www.keisoshobo.co.jp